AF576392

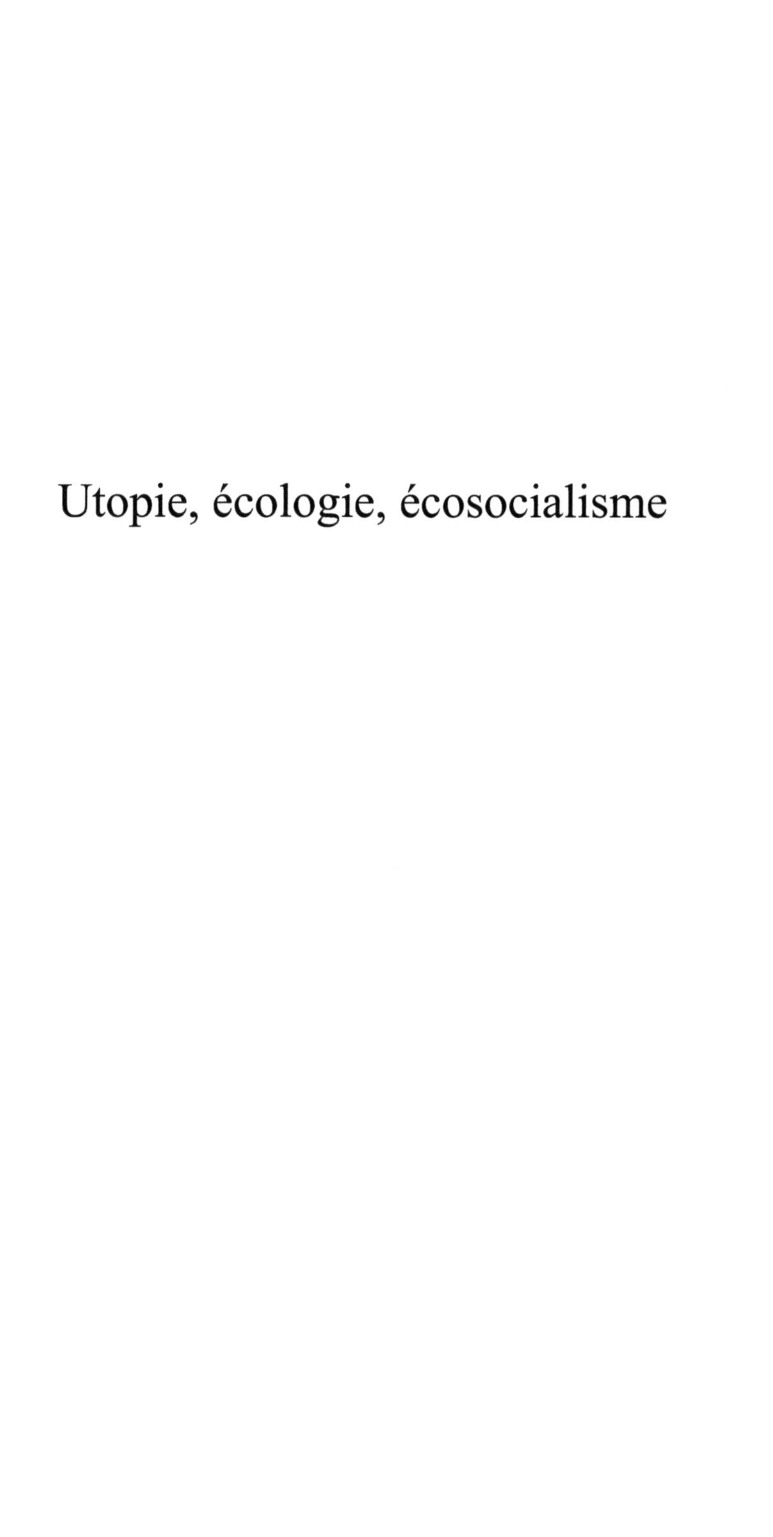

Utopie, écologie, écosocialisme

Questions contemporaines

Collection dirigée par B. Péquignot, D. Rolland et Jean-Paul Chagnollaud

Chômage, exclusion, globalisation... Jamais les « questions contemporaines » n'ont été aussi nombreuses et aussi complexes à appréhender. Le pari de la collection « Questions contemporaines » est d'offrir un espace de réflexion et de débat à tous ceux, chercheurs, militants ou praticiens, qui osent penser autrement, exprimer des idées neuves et ouvrir de nouvelles pistes à la réflexion collective.

Dernières parutions

Rodolphe DALLE (dir.), *Didactique de la communication*, 2013.
Sébastien REPAIRE, *Sartre et Benny Lévy. Une amitié intellectuelle, du maoïsme triomphant au crépuscule de la révolution,* 2013.
Daniel ARNAUD, *Le harcèlement moral dans l'enseignement. Sévices publics*, 2013.
Hervé TERRAL, *Figure(s) de l'Occitanie. XIXe-XXe siècles*, 2013.
Etienne AUTANT, *Construire une société conviviale,* 2013.
Bertrand PIRAUDEAU, *Le recrutement dans le football français. Histoire, logiques et enjeux géographiques*, 2013.
Jean-Marie BOUGUEN, *La naissance de la politique pétrolière en France*, 2013.
Herbert GESCHWIND, *Le rôle des soins palliatifs, nouvelle édition,* 2013.
Sébastien de DIESBACH, *La révolution impossible. Mes années avec* Socialisme ou Barbarie, 2013.
Jacob ETIENNE, *Protection rapprochée et sécurité entreprise. Des nouvelles normes à l'international*, 2013.
Jacques ARNOL-STEPHAN, *Entreprendre dans un monde en mutation*, 2013.

Arno Münster

Utopie, écologie, écosocialisme

De l'utopie concrète d'Ernst Bloch à l'écologie socialiste

DU MÊME AUTEUR

Figures de l'utopie dans la pensée d'Ernst Bloch, Aubier, Paris, 1985.
Ernst Bloch : Messianisme et utopie (Introduction à une « phénoménologie » de la conscience Anticipante), PUF, Paris, 1989.
Nietzsche et le nazisme, Kimé, Paris, 1995.
Progrès et catastrophe. Walter Benjamin et l'histoire.(Réflexions sur l'itinéraire philosophique d'un marxisme «mélancolique », Kimé, Paris,
Le principe dialogique.(De la pensée monologique auto-réflexive vers la proflexion intersubjective), Kimé, Paris, 1997.
Le principe « discussion ». Habermas ou le tournant langagier et communicationnel de la Théorie critique, Kimé, Paris, 1998.
Nietzsche et Stirner, suivi de : Nietzsche est-il « immoraliste » ?, Kimé, Paris, 1999.
L'utopie concrète d'Ernst Bloch. Une biographie, Kimé, Paris, 2001.
Heidegger, la science allemande et le national-socialisme, Kimé, 2002, Paris.
Sartre et la praxis (Ontologie de la liberté et praxis dans la pensée de Jean-Paul Sartre), L'Harmattan, Paris, 2005.
Sartre et la morale, L'Harmattan, Paris, 2007.
Hannah Arendt contre Marx ? (Réflexions sur une anthropologie philosophique du « politique »), Hermann, Paris, 2008.
Adorno, Une introduction (Il n'y a pas de vraie vie dans la vie fausse), Hermann, Paris, 2009.
Réflexions sur la crise, L'Harmattan, Paris, 2009.
André Gorz ou le Socialisme difficile, Lignes, Paris 2008 (trad. en allemand, Zurich, 2011).
Principe responsabilité ou Principe Espérance ? (Gunter Anders, Hans Jonas, Ernst Bloch), le Bord de l'eau, 2011.
Pour un socialisme vert. Vers la société écologique par la justice sociale.(Contribution à la critique de l'écologie politique), Lignes, 2012.

5-7, rue de l'Ecole-Polytechnique, 75005 Paris

http://www.librairieharmattan.com
diffusion.harmattan@wanadoo.fr
harmattan1@wanadoo.fr

ISBN : 978-2-343-00341-2
EAN : 9782343003412

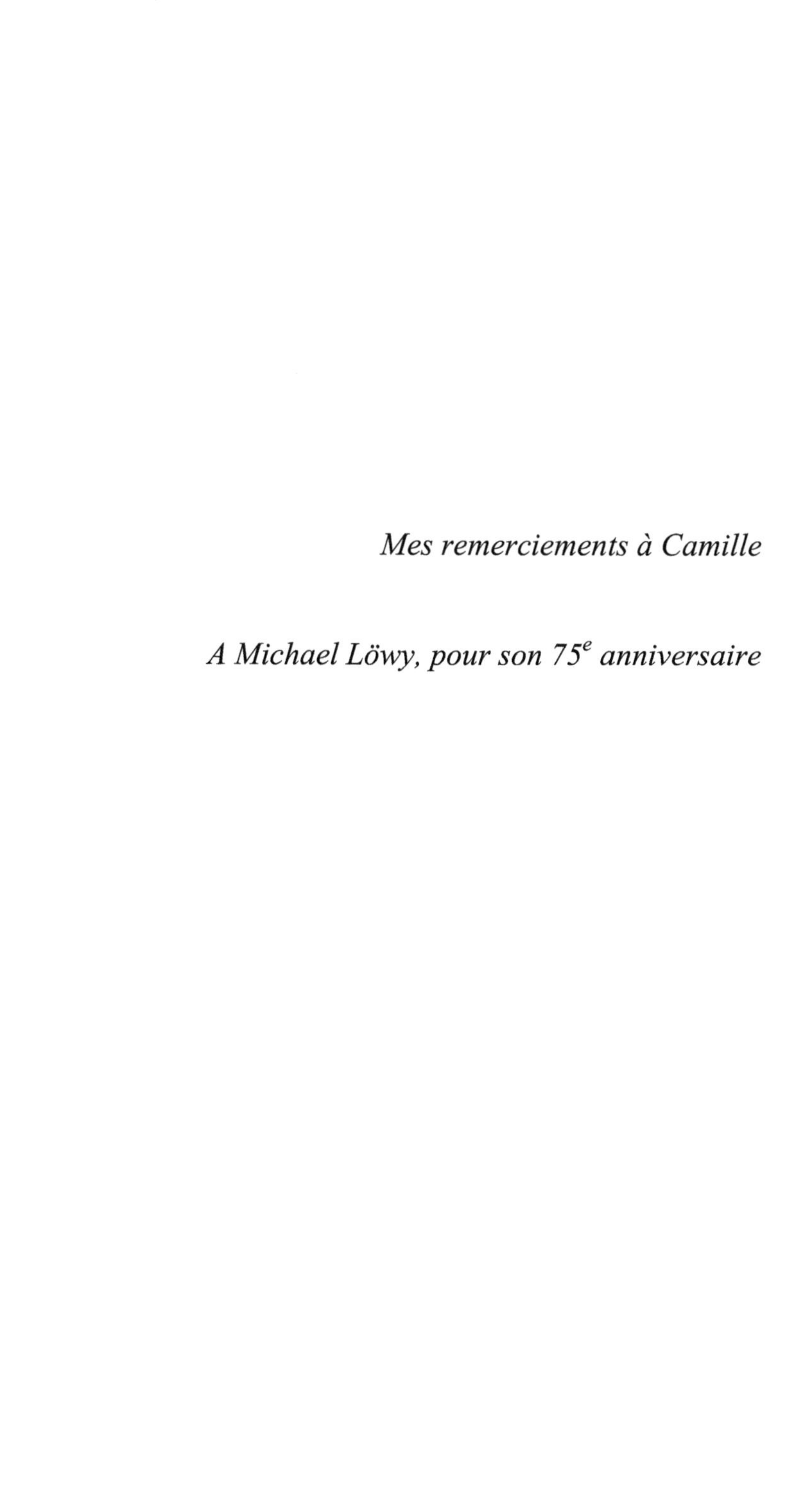

Mes remerciements à Camille

A Michael Löwy, pour son 75e anniversaire

PREFACE

Prononcées dans l'espace temporel de dix ans, à savoir de 2001 à 2012, les conférences, essais et articles réunis dans ce volume s'inscrivent tous dans le même projet philosophique et politique : 1) Réactualiser, relégitimer la pensée utopique, devenue la cible privilégiée des discours philosophico-politiques libéraux et conservateurs contemporains, dans ses multiples facettes ; 2) Mettre en évidence comment cette pensée, libérée désormais de sa fausse identification avec des rêveries abstraites, projetées dans des espaces et un futur imaginaire, et avec des systèmes politiques bureaucratico-totalitaires qui ont fini par caricaturer l'idée même du socialisme et du communisme, peut évidemment, en allant volontairement à contre-courant, non seulement défier l'ordre économico-politico-social *injuste* de nos sociétés néo-libérales dirigées par les marchés financiers et les banques, mais se transformer aussi en une arme intellectuelle et une *force de résistance* efficace, dans le combat mené simultanément sur deux fronts par *la gauche radicale et lucide* contre (a) la droite conservatrice (incarnant la domination des forces de l'argent et de la finance) et une extrême-droite xénophobe et (b) contre une gauche « molle », réformiste, sociale-démocrate-libérale, oublieuse de ses promesses électorales et soumise au diktat du néo-libéralisme et des marchés financiers. (3) Mettre en évidence l'actualité d'une *écologie politique d'émancipation* et la nécessité d'œuvrer pour une convergence et une synthèse des idéaux socialistes et écologiques, afin de pouvoir mener, unis sous le drapeau de *l'écosocialisme,* le combat difficile pour la transformation écologique et sociale de nos sociétés de consommation, accompagnée du combat pour la *justice sociale* et une société *autre,* libérée des impératifs de la maximisation du profit et de la marchandisation de tout, combat qui est et sera celui d'une révolution à la fois « verte » et citoyenne.

Autrement dit : Vouloir « enterrer les utopies » (souhait de tous les « réalistes pragmatistes » conservateurs et réformistes), et avec cela l'utopie *écosocialiste*, notre seul espoir pour l'avenir, signifie enterrer tout espoir d'un changement réel, radical, défiant toutes les pseudo-solutions qui nous sont régulièrement présentées et « vendues » par une social-démocratie si bien habituée à gérer les affaires de l'Etat au profit des intérêts du Capital. C'est se soumettre aux ordres de l'oligarchie néo-libérale, s'enrichissant, avec la crise de la dette publique et des Etats, impunément, toujours plus, aux dépens des classes défavorisées et des pauvres. C'est accepter l'inacceptable.

Si André Gorz, dans une lettre à l'auteur de ce livre, datant du 14 juillet 2005, regrette, entre autres, qu'on parle en ce moment, en France, bien trop de Hans Jonas et non pas assez d'Ernst Bloch, il ne stigmatisait rien d'autre que l'incompréhension injuste dont a été victime, depuis la chute du mur de Berlin et la décomposition de l'Empire soviétique, la pensée d'un philosophe qui avait fait de l'utopie et surtout de « l'utopie concrète » un des concepts majeurs de sa philosophie.(Seuls parmi certains architectes français issus de la mouvance maoïste de mai 68 ce concept a été accueilli avec un certain intérêt.)

Fort heureusement, André Gorz, converti à la cause de l'écologie politique, depuis le début des années 70, a ainsi contribué, du moins pendant les toutes dernières années de sa vie, à libérer Ernst Bloch de sa marginalisation, précisément, en opérant la convergence du concept blochien d'*utopie concrète* avec sa propre *utopie concrète* d'une *société écologiste* post-capitaliste, libérée du productivisme, de la croissance et d'un post-fordisme industriel fondé sur le fonctionnement des mégamachines industrielles. Ce qui l'a évidemment fasciné, dans sa lecture des textes de Bloch, c'était la présence dans cette pensée de cette volonté utopique ferme que l'auteur du *Principe Espérance* analyse non seulement sous l'aspect des utopies sociales et architectoniques, mais aussi et surtout sous l'aspect de la concrétisation d'un « esprit utopique » voire d'un *pré-apparaître utopique,* p.ex. dans les grandes créations et œuvres de la musique classique et romantique (*cf.* le chapitre 3 de ce livre). Et il ne pouvait, bien entendu, que se réjouir du fait que Bloch, lecteur non seulement de Marx et de Hegel mais aussi de Schelling, s'était aussi exprimé, dans sa grande trilogie *Le Principe Espérance,* très clairement en faveur d'une *alliance de l'homme avec la nature,* en fustigeant, dans le sillage de Marx l'exploitation systématique de la nature et des forces (ressources) naturelles par le capitalisme. L'utopie *écosocialiste* gorzienne est cependant fondée principalement sur la conviction que le capitalisme en crise a déjà atteint ses limites, puisque l'Informatique et Internet minent le règne de la marchandise, dans le cadre d'échanges gratuites non monétarisés, et parce que « tout ce qui est traduisible en langage numérique et reproductible, communicable sans frais, tend irrésistiblement à devenir un *bien commun,* voire un *bien commun universel* quand il est accessible à tous et utilisable par tous ».[1] Autrement dit, le capitalisme s'est impliqué selon Gorz dans un processus irréversible où « la principale force productive et la principale force des rentes tombent progressivement dans le domaine public et tombent dans la gratuité. »[2], si bien qu'en conséquence,« la propriété privée des moyens de production et donc le monopole de l'offre deviennent

---

[1] *Ecologica,* Paris, Galilée, 2008, p. 37.
[2] *Op. cit..*, p. 38-39.

progressivement impossibles ».[3] En outre, il ne cesse de nous rappeler à ce propos, évidemment dans la perspective d'Ivan Illich, « comment les moyens d'autoproduction high tech rendent la méga-machine industrielle virtuellement obsolète »[4] et comment l'usage des outils conviviaux si chers à Illich « stimule l'accomplissement personnel et élargit l'autonomie de tous »[5]. Par conséquent, le but de ce processus, de cette transformation qualitative profonde, accompagnant le processus de décomposition, de dissolution du capitalisme contemporain, à savoir du capitalisme de la mégamachine industrielle, est bien, selon Gorz, la naissance, à grande échelle, stimulée, engendrée par les *outils high-tech* existants, d'*ateliers coopératifs ou communaux,* à savoir « d'ateliers communaux d'autoproduction » qui seront « interconnectés » à l'échelle du globe et qui pourront échanger et mettre en commun leurs expériences, inventions, idées, découvertes ».[6] Cela est possible - c'est la ferme conviction de Gorz - parce que nos sociétés possèdent un « excédent de ressources humaines » qui ne peut devenir productif que dans une économie qui n'est plus soumise aux critères de rentabilité ».[7]

Il ne s'agit donc de rien d'autre que de la substitution de la rationalité du capitalisme par une rationalité autre – *écologique, anti-productiviste, anti-croissance, autogestionnaire* - qui consistera à la fois, comme le souligne Gorz, en un « ménagement de l'écosystème et en l'emploi de moyens de production que les producteurs associés puissent maîtriser, c'est-à-dire *autogérer* au lieu

---

[3] *Op. cit..*, p. 39.
[4] *Op. cit.*, p. 40.
[5] *Ibid.*
[6] *Op. cit.*, p. 41.
[7] *Ibid.*

d'être dominés par leur gigantisme et leur complexité »[8]. Et *l'autogestion* signifierait, dans ce cadre précis, l'arbitrage par les producteurs associés entre la quantité et la qualité de travail ainsi qu'entre l'étendue des besoins ou des désirs et « l'importance de l'effort qu'ils jugent acceptable de déployer. »[9] Mais cela entraînerait comme conséquence, estime Gorz, une *autolimitation des besoins* et « l'établissement d'une *norme du suffisant* »[10] Autrement dit : IL FAUT PRODUIRE MOINS MAIS MIEUX !

Bien sûr, André Gorz est-il allé ici très loin, dans ses pronostics, esquisses et « prophéties » utopiques de la possibilité d'instaurer, à court ou à long terme, cette alternative coopérativiste, écologique, autonome, autogestionnaire à l'économie capitaliste-libérale, - alternative fondée sur la vision que les *ateliers communaux coopératifs* substitueront un jour les grands complexes industriels de production de biens de consommation, fonctionnant selon les principes de la division du travail.... Gorz s'en est d'ailleurs lui-même rendu compte, en affirmant, dans les *Ecologica* (son tout dernier livre, publié à titre posthume, en 2008) qu'il ne dit pas que ces transformations radicales se réaliseront, et qu'il voulait seulement dire « que, pour la première fois, nous pouvons vouloir qu'elles se réalisent » ; car « les moyens en existent ainsi que les gens qui s'y emploient méthodiquement »[11]. Puisqu'ils continuent à miner, certes, lentement, mais progressivement, les fondements du capitalisme, à le déstabiliser, jusqu'à provoquer un jour, c'est en effet la conviction et la grande espérance d'André Gorz, son effondrement. Mais les gens, pourrait-on ici

[8] *Ecologica*, p. 56
[9] Ibidem.
[10] *Op. cit..*, p. 57.
[11] *Op. cit..*, p. 41.

objecter, ont-ils réellement la conscience suffisante, dans un nombre suffisamment grand, pour provoquer cette rupture, pour réaliser ce rêve d'une alternative radicale au mode de production capitaliste ? Peuvent-ils, réellement, passer si facilement, en si peu de temps, du mode de production rationnel de la mégamachine industrialiste contemporaine à celui – autogestionnaire - des ateliers communaux coopératifs ? Ne faudrait-il pas, éventuellement, envisager des étapes intermédiaires (de transition) ?

A ce propos, il est intéressant de constater que Gorz n'emploie jamais, à la différence de David Pepper, le fondateur de la théorie de l'écosocialisme, en Grande-Bretagne, et de Jean-Luc Mélenchon, en France, le terme de « planification écologique ». Cela signifie-t-il qu'il est, dans sa pensée écologiste radicale, éventuellement, plus proche des thèses des courants autogestionnaires *libertaires* de l'écologie politique que des courants éco-socialistes ou écomarxistes, à savoir de celles du *Réseau Ecosocialiste International* (Joël Kovel, Michael Löwy) ? Certains des tout derniers écrits d'André Gorz permettent d'avancer cette hypothèse ; mais, à notre avis, ce rapprochement, ces affinités avec certaines idées défendues par les représentants d'un écologisme libertaire (p.ex. Bookchin) ne peut nullement éclipser le fait qu'André Gorz avait, déjà en 1991, notamment avec la publication de son livre *Capitalisme, Socialisme, Ecologie (Galilée, 1991)*, clairement exprimé des positions et convictions *écosocialistes*, souvent, dans une affinité assez grande avec les positions écosocialistes (autogestionnaires) de René Dumont. Mais il est fort probable que sa grande méfiance à l'égard de l'Etat et de tout étatisme centralisateur autoritaire l'ait empêché d'adhérer aux thèses de David Pepper.

Néanmoins il nous semble tout à fait conseillé d'examiner l'hypothèse d'une possible et souhaitable conciliation des thèses écologistes gorziennes, à savoir de son utopie d'une société écologiste autogérée, libérée des scories du productivisme et de la croissance et du mode de production capitaliste, avec celles des défenseurs socialistes (de gauche) d'une *planification écologique*, vu que *l'urgence écologique* avec laquelle nous sommes maintenant confrontés, nécessite de penser à la création et la concrétisation d'étapes intermédiaires, p.ex. pour réussir la conversion écologique de l'économie et celle de l'énergie, à savoir, de l'énergie nucléaire vers des énergies non fossiles renouvelables. Cela n'est pas réalisable sans la création d'un *Pôle Financier* central destiné à financer les investissements les plus urgents, dans ce domaine, p.ex. pour créer des *grands parcs d'éoliennes, pour équiper les maisons et édifices de capteurs d'énergie solaire, et pour mettre en œuvre une sortie programmée du nucléaire (avec un calendrier fixant les dates pour la fermeture des centrales nucléaires,* etc.) Cette planification écologique – mise en œuvre par un gouvernement socialiste de gauche prenant toutes ses responsabilités dans le domaine de l'écologie comme dans le domaine du social - pourrait être articulée avec un nouveau système de gestion démocratique, juste et solidaire de l'économie, sur la base d'*ateliers communaux coopératifs autogérés par les travailleurs associés* qui détermineront eux-mêmes les impératifs d'une *production écologique et sociale* échappant aux critères de la *marchandisation* et du *profit*. Et ainsi seraient jetés les fondements pour la transformation en profondeur de l'économie et de la société tout entière, une transformation qui, comme l'a justement souligné Gorz, dans son tout dernier article, a déjà commencé et ne s'arrêtera pas demain…

Si l'utopie appelle donc l'écologie, c'est parce que l'écologie politique, pour s'affirmer comme une science de *l'émancipation*, a absolument besoin, c'est du moins notre ferme conviction, de l'utopie, ou du moins de *l'esprit utopique* (E. Bloch) sans lequel l'écologie radicale perdrait toute sa dynamique. Ce « nouvel esprit utopique » (*cf.* la première partie de ce livre consacrée à l'utopie blochienne !) n'est pas tout simplement réductible à un esprit de contestation radicale (qu'il est de toute façon) ; car il tire toutes ses forces politiques et morales, nous en sommes persuadés, de la force d'anticiper, avec imagination et enthousiasme, sur l'utopie concrète de l'avenir écologique et démocratique de nos sociétés en crise, à savoir l'utopie conciliant les principales revendications écologiques (*l'arrêt du nucléaire, protection des écosystèmes, planification écologique,* etc.) avec celles d'un *socialisme authentique,* revendiquant l'égalité, la fraternité, la justice sociale, le bonheur pour tous et la fin de la société de classes. Elle fait – ce que nous exposerons dans la troisième Partie de notre ouvrage consacrée à *l'éco-socialisme* - la synthèse du combat anticapitaliste visant l'abolition de la domination de l'argent, des privilèges, de la hiérarchie et de l'exploitation, avec le combat pour la préservation de *l'environnement* et de la *nature* et pour un *nouvel ordre écologique et social égalitaire et solidaire*, nous permettant de produire *moins mais autrement et mieux* (Gorz), dans une société nouvelle fonctionnant selon d'autres valeurs et échappant à la loi du profit et à la règle de la marchandisation de tout, en bref, d'une société où l'institution de la « règle verte »(Jean-Luc Mélenchon) ira de pair avec l'application de la règle morale de « l'humain d'abord ».

PREMIÈRE PARTIE. UTOPIE

I. Utopie concrète, conscience anticipante et praxis dans la penseé d'Ernst Bloch[12]

Lorsque Ernst Bloch est mort, le 4 août 1977, à Tübingen, à l'âge de 92 ans, l'Allemagne et le monde entier prirent brusquement conscience du fait qu'ils avaient perdu un penseur à tous les égards exceptionnel, un grand savant et militant qui incarnait pour ainsi dire, à côté de Rosa Luxembourg et d'Antonio Gramsci, « l'hérétique le plus productif » dans le marxisme du XXe siècle dont le combat philosophico-politique était un combat permanent pour l'utopie concrète, l'émancipation, la justice sociale et la démocratie et qui comme nul autre, avait mis en évidence les traditions révolutionnaires refoulées de l'histoire allemande… Pour Bloch, soulignait, entre autres Oskar Negt lors des funérailles du philosophe, « non seulement la vérité, mais aussi l'espérance et l'utopie sont concrètes, mais le processus révolutionnaire général dans lequel Bloch mettait toutes ses espérances, avec son travail de taupe, comme Hegel, déduit son contenu humain de la particularité, c'est-à-dire de l'émancipation de l'homme. (…) Pour lui, le signal de trompettes du *Fidelio* de Beethoven n'est pas seulement un symbole esthétique ; il est plutôt l'expression de l'espérance d'un homme particulier d'être libéré de la prison de la violence et de l'oppression immédiate ; et il est en même temps l'impératif catégorique du seul et possible comportement politique digne de l'homme, à

---

[12] Conférence prononcée à Paris, le 26 septembre 2001, au *Congrès Marx International III*, Université de Paris X-Nanterre.

savoir, de la résolution de renverser toutes les conditions dans lesquelles l'homme est un être humilié, asservi, abandonné et méprisable. »[13] C'est cette résolution, cette détermination inébranlable, contrastant éminemment avec une attitude philosophique résignative à la Schopenhauer ou avec celle du vieux Horkheimer et du vieil Adorno, qui avait constamment stimulé Ernst Bloch pour achever cette encyclopédie systématique des images de souhait, des anticipations et de la fonction utopique dans la pensée occidentale qu'est le *Principe Espérance*[14]. C'est cela qui distingue le système de pensée de Ernst Bloch non seulement de celui de Schopenhauer, de Nietzsche, ou du relativisme philosophique de Georg Simmel, mais aussi de la pensée d'un « marxisme de la mélancolie » qui marque la pensée et l'œuvre de Walter Benjamin[15]. De ce fait la pensée d'Ernst Bloch me semble se définir avant tout comme une nouvelle approche de la philosophie de la praxis, née sur des fondements hégéliano-marxistes, formulés dans l'horizon de l'esprit de l'utopie – une philosophie de la praxis où agir signifie avant tout « résister » et« dégager », libérer les tendances proto-utopiques présentes, mais non encore réellement extériorisées ; dépasser la facticité médiocre et souvent désespérante, en vue de concrétiser les rêves et les utopies qui nous donnent la force de survivre et de résister contre le mal et les injustices. Je cite un passage d'un article d'Ernst Bloch publié en 1936 dans la revue *Die Weltbühne* de Prague : « L'essence non-réalisée devient

---

[13] Oskar Negt, Hommage (Discours funéraire) cité d'après Bloch (Karola)/Reif (Adelbert), In *Memoriam Ernst Bloch,* E.V.A., Francfort-Vienne, 1978.

[14] *Cf.* Bloch, E., *Le Principe espérance,* t. I - III, traduction de l'allemand par F. Wuilmart, Gallimard, Paris, 1976-1991.

[15] *Cf.* à ce sujet : Arno Münster, *Progrès et Catastrophe, Walter Benjamin et l'Histoire (Réflexions sur l'itinéraire d'un marxisme mélancolique), Kimé,* Paris, 1996.

idéal et l'essence non encore réalisée, c'est la tendance. C'est pourquoi l'invariance dans l'histoire est seulement ce qui fait l'histoire, c'est-à-dire l'invariance des contenus devenus. C'est le manque, la carence de l'objet logique d'énonciation de ce qui est ; c'est la carence de l'essence objective de manifestation de l'essence du monde ; c'est la réalité, à mesure où l'essence de l'homme existe dans la puissance et dans la liberté de la dépasser jusqu'à des contenus d'expérience de la saturation de la félicité dans une patrie possible. »[16]

Ce passage comprend déjà trois concepts importants de la pensée blochienne et de son chef d'œuvre philosophique *Le Principe Espérance* (écrit pendant les années d'exil aux Etats-Unis, entre 1938 et 1949) : 1° le concept de *latence-tendance* (hérité de Leibniz et instrumentalisé par Ernst Bloch pour son système d'une ontologie utopique ouverte) 2° le concept de « dépassement » *(überschreiten)*. (C'est l'inscription qui est gravée sur la pierre tombale du philosophe au cimetière de Tübingen.) Mais il ne s'agit nullement ici d'une transcendance au sens de la philosophie idéaliste « transcendantale » de Kant ou de Fichte, mais plutôt d'une *transcendance dans l'immanence* qui relie le Sujet connaissant rêvant de l'avènement d'un « monde meilleur », à savoir à une « matière utopique » dans laquelle il est dialectiquement impliqué ; et 3° le concept de « bonheur dans un foyer possible », un concept qui anticipe pour ainsi dire la conclusion de la trilogie blochienne du *Principe Espérance* où Bloch souligne que « la genèse réelle n'est pas au début, elle est à la fin, et elle ne commencera que lorsque la société et l'existence deviendront radicales, autrement dit se saisiront à la racine. Or la racine de l'histoire, c'est l'homme qui travaille, qui crée, qui transforme et dépasse le donné factuel. Dès qu'il sera saisi

[16]Bloch, E., *Tendenz-Latenz-Utopie*, Francfort, Suhrkamp, 1978, p.64.

et qu'il fondera ce qui est sien dans une démocratie réelle, sans dessaisissement et sans aliénation, naîtra dans le monde ce qui nous apparaît à tous dans l'enfance et où personne encore n'a jamais été : le foyer (Heimat) »[17]. Bien entendu, le concept de « latence » communique ici intimement et dialectiquement avec le concept de *tendance*, et ce dernier avec le concept d'*utopie*, au même titre que le concept du *bonheur* (si cher à Aristote et aux utopies revendiquant le droit au bonheur) s'enchevêtre dialectiquement avec le concept de *l'identité enfin trouvée.* Mais cette construction théorique est encore complétée par les concepts majeurs de « praxis », d' « anticipation » et d' « utopie ». Ainsi la contribution significative d'Ernst Bloch à la pensée et au marxisme du XXe siècle consiste-t-elle essentiellement dans l'inscription du concept de « conscience anticipante » dans la philosophie de la praxis du matérialisme dialectique, qu'Ernst Bloch, dans une conférence, radiodiffusée en 1971, avait défini de la façon suivante :

« Il est important qu'un pont soit jeté du concept d'utopie, scientifiquement et philosophiquement mis à l'épreuve, d'un concept d'utopie qui cesse d'être une insulte (et qui représentera une anticipation objective et possible) et le substrat dialectique matériel du devenir et de l'événement, donc de la matière, à laquelle l'utopie appartient alors... »[18]

En conséquence, la matière chez Ernst Bloch n'a donc plus rien à voir avec l'hylé d'Aristote, ou tout autre concept ou représentation d'une matière dans un sens physicaliste ou matérialiste vulgaire ; elle est plutôt le pur substrat des possibilités d'une *ontologie du non-encore-*

---

[17] *Cf.* Bloch, E., *Le Principe Espérance,* trois tomes, traduction de l'allemand par F. Wuilmart, Gallimard, Paris, 1976-1991.

[18] Bloch, Ernst, *Tendenz-Latenz-Utopie*, Francfort, Surhrkamp, 1978, p. 264.

être qui est extrêmement orientée vers l'avenir (vers le futur), c'est-à-dire vers la concrétisation des contenus des images de souhait utopiques. C'est d'ailleurs ici – et c'est important ! – qu'Ernst Bloch introduit – et c'est incontestablement l'héritage hégelien dans la pensée – le concept de *travail humain*, à savoir celui de l'activité humaine qui ne peut agir que par le devenir-conscient d'elle-même, en tant que « praxis transformable », à la base de l'être matériel, ce qui détermine, selon Bloch, la conscience.[19] Autrement dit, dans cette philosophie matérialiste et utopique, *l'homme travaillant* devient pour ainsi dire la figure suprême de la matière : la transformation et la genèse du nouveau, fermentant déjà dans la nature, ne sont que l'œuvre de l'homme travaillant. A noter aussi à ce propos qu'Ernst Bloch affirme clairement, dans son livre sur Hegel : « *Sujet-objet. Eclaircissements sur Hegel* », que la finalité de cette dialectique à la fois processuelle et utopique s'exprime dans le fait que « rien ne restera comme il nous est donné », que « le nouveau meilleur peut toujours naître par la force productrice dans la connaissance dialectique révolutionnaire » et que cela soit rendu possible par la dialectique réelle de la matière elle-même où « il ne restera que pierre sur pierre » et où seule par l'activité de l'homme connaissant et actif, en tant que figure ultime de la matière, puissent être construites des pierres modèles, (…) à savoir une maison et un foyer. »[20]

Ernst Bloch postule donc une unité dialectique de l'homme et de la nature où l'homme agit en tant que sujet actif et où, pour le dire encore une fois dans les termes du livre d'Ernst Bloch sur Hegel, « la conscience humaine est l'œil et en même temps l'organe théorético-pratique de la

[19] *Op. cit.*., p. 280-281 (Citation traduite de l'allemand par l'auteur, A.M.).

[20] Bloch, E., *Le Principe espérance,* Tome 1, p. 302.

matière. »[21] Elle est donc la preuve qu'au désir de l'homme correspond une réalité hypothétique future. « L'expérience est une qualité humaine spécifique, mais dans l'homme espère en même temps la matière » [22] C'est à l'analyse de ce *Principe Espérance,* c'est-à-dire à ses diverses concrétisations dans la production culturelle, dans l'art et la littérature, l'architecture et la musique, et à son enchevêtrement avec le projet utopique d'une *naturalisation de l'homme et de l'humanisation de la nature* qu'Ernst Bloch a consacré sa grande trilogie philosophique *Le Principe Espérance*, qui constitue dans l'ensemble une sorte d'inventaire des diverses formes de production culturelle et artistique de l'humanité, mais qui ne veut pas être une simple théorie des « formes symboliques », comme la philosophie néo-kantienne de la culture d'Ernst Cassirer, dans la mesure où elle met l'accent, à la différence du disciple de Hermann Cohen, sur les *anticipations utopiques* des œuvres et leur « contenu de vérité utopique ». Cette encyclopédie des rêves et du « réver-en-avant » porte aussi la marque d'une réception critique de l'*Interprétation des rêves* (1899) de Freud, où Bloch substitue volontairement le concept de « préconscient » *(Vorbewusstes)* au concept d'« inconscient » *(das Unbewusste)* et celui du « rêve diurne » *(Tagtraum)* et du « rêver-en-avant » *(nach vorwärts träumen)* au concept de rêve nocturne.

La critique de la métaphysique traditionnelle et en même temps la volonté de sauvegarder certains concepts théologiques pour une vision du monde et une philosophie de l'histoire à la fois matérialiste et messianique, unissent sans nul doute Ernst Bloch et Walter Benjamin dans l'effort commun d'affronter, sur le front philosophique de

---

[21] Bloch, Ernst, *Sujet-Objet. Eclaircissements* sur Hegel, trad. de l'allemand par Maurice de Gandillac, Paris, Gallimard, 1981.
[22] *Op. cit..*, p. 42.

l'époque, à la fois le néo-kantisme, la philosophie positiviste de la science, le vitalisme, le relativisme, les courants irrationalistes et fascisants de la pensée conservatrice de son époque (représentée par Spengler, Klages, Bäumler, etc.), et de défier aussi, simultanément, les courants dogmatiques et vulgarisateurs du marxisme, évoluant sous le poids du révisionnisme et celui de la dogmatisation stalinienne, vers une canonisation dogmatique qui faisait de plus en plus disparaître le vrai visage de la philosophie de Karl Marx. Pour Bloch, comme pour le jeune Horkheimer et Walter Benjamin, la découverte des *Manuscrits philosophico-économiques* (1844) de Marx par Ryazanov (en 1932) ainsi que les graves erreurs des partis politiques marxistes, à l'époque de la République de Weimar, face la montée du fascisme en Allemagne, étaient des événements théoriques et politiques majeurs qui le stimulait à repenser les fondements théoriques du matérialisme historique et dialectique de Marx et d'Engels et d'une philosophie marxiste de la praxis en général, à la lumière des tâches nouvelles résultant de cette situation complexe. Mais en même temps, Ernst Bloch s'efforça aussi à réhabiliter, au sein même de la discussion théorique marxiste contemporaine, le concept d'*utopie* et plus précisément les approches *socialistes-utopiques* (Saint-Simon, Fourier, Leroux…), dans la pensée du XIXe siècle, dans le but évident de renouveler, de revitaliser la vision du monde et la philosophie marxiste du XXe siècle, par la réactualisation de cette tradition de pensée utopique refoulée – trop refoulée, précisément, par les tendances d'un « socialisme scientifique » inaugurée par Engels et dogmatisée, ensuite, notamment par les théoriciens soviétiques du « marxisme-léninisme », jusqu'à l'effacement total des toutes dernières « traces utopiques » dans le matérialisme historique, par Staline…

Mais Ernst Bloch, pourrait-on objecter, en voulant inverser à tout prix la tendance, n'est-il pas éventuellement allé trop loin dans la réévaluation de cet héritage *utopique* du socialisme ? Ne s'est-il pas ainsi trop éloigné de Marx, en négligeant, par cette réécriture philosophique de l'histoire des utopies, le fondement majeur du matérialisme historique et dialectique, à savoir, la critique de l'économie politique que Marx et Engels comprenaient quand même comme une démarche scientifique prioritaire ? Et n'a-t-il pas accordé aussi, dans ce souci d'une refondation utopique du marxisme, une place trop importante aux croyances et aux religions ? N'a-t-il pas, éventuellement, ainsi fourni, indirectement, des arguments supplémentaires à ses adversaires, au sein même du camp marxiste, qui n'hésitaient pas à l'accuser de « mysticisme » et de « révisionnisme » ? [23]

Evidemment et contrairement à la démarche des pères-fondateurs du « socialisme scientifique », Ernst Bloch, le philosophe marxiste de l'espérance et de l'utopie, s'est efforcé de substituer d'abord le rapport complexe mais fructueux du marxisme avec la pensée utopique, en choisissant une voie différente : non plus celle de la critique matérialiste de ces constructions imaginaires d'un Etat idéalisé ou règnent justice et égalité, comme chimères « correspondant à l'état d'immaturité du prolétariat » (Marx), mais en mettant en relief et en soulignant plutôt la fonction positive des utopies et de la pensée utopique (pré-marxiste, socialiste) en général, comme anticipations de ce qui pour Ernst Bloch est toujours, dans une certaine mesure, le but et la substance même du marxisme, à savoir *l'utopie concrète*. On peut donc caractériser, comme le fait

---

[23] *Cf.* la campagne de dénigrement des positions philosophiques « mystiques » et « révisionnistes » blochiennes menée par R.O. Gropp dans le « *Neues Deutschland* »(organe officiel du Parti Communiste de l'Allemagne de l'Est), en décembre 1956.

à juste titre le *Dictionnaire du Marxisme*[24], la pensée d'Ernst Bloch comme une tentative de vouloir seulement sauvegarder « l'esprit des utopies » pour la philosophie du marxisme, mais d'intégrer aussi toutes les puissances de l'utopie à une philosophie matérialiste critique et utopique dont le fondement est une véritable *ontologie utopique* et dont un ces concepts-clefs est *l'anticipation utopique* dans la conscience. Mais l' effort théorique d'Ernst Bloch ne s'arrête pas là : loin de vouloir esquisser simplement une autre version d'une philosophie matérialiste et dialectique de l'avenir, il veut avant tout repenser le concept d'utopie, au-delà de sa signification traditionnelle, en lui conférant un sens plus haut et plus profond, précisément à partir des affects d'attente de la *conscience anticipante,* de l'imagination créatrice à partir de l'*attente messianique*, et aussi à partir d'une pensée de l'espérance qui – et sur ce point précis la démarche blochienne peut paraître assez osée – s'efforce d'intégrer une métaphysique de l'espérance dans une philosophie matérialiste et critique qui, étant née à peu près dans les mêmes conditions historiques que la pensée de Gramsci, de Lukacs, de Sartre ou celle de l'*Ecole de Francfort* (Adorno, Horkheimer, Benjamin, Marcuse…), partage, relativement à la critique de l'aliénation, les options fondamentales de ces autres courants philo-sophico-politiques (avec des nuances l'acceptation de la psychanalyse).

Ce qui vient d'être dit sur le rôle de la fonction utopique dans pensée d'Ernst Bloch devrait, je l'espère, permettre aussi de mieux comprendre que le concept blochien d' « utopie concrète » (si mal compris par certains !) se déploie essentiellement, dans l'œuvre d'Ernst Bloch, dans une triple dimension éthique, politique et esthétique, dont chacune revendique la concrétisation du

---

[24] *Cf.* Labica, G., Bensussan (G.)(sous la direction de) : *Dictionnaire du marxisme,* PUF, Paris, 1982, p. 1191.

rêve d'un monde meilleur, d'une vie autre (sans exploitation et sans aliénation) et d'une société vraiment juste et fraternelle. Dans le domaine esthétique, notamment, cette volonté utopique est étroitement associée, par exemple dans le chapitre du *Principe Espérance* consacré aux « utopies architectoniques », à une volonté d'art nouvelle qui ne peut être que celle de l'imagination utopique. En évoquant par exemple les peintures architecturales de Pompéi ou les dessins des loges des constructeurs du Moyen Âge qui sont à l'origine de la construction des cathédrales gothiques, Bloch souligne qu'avant toute exécution il y avait toujours une *image utopique* de l'édifice qui les guidait dans le travail en vertu de sa perfection.[25] La construction était alors toujours « celle de la construction basée sur des canons de perfection, en considération d'un modèle symbolique auquel on croyait. Et ce modèle guidait l'exécution de l'ouvrage et non seulement comme l'archétype, son rêve et son projet ante rem, il constituait la règle des règles magistrales elles-mêmes. » Et alors, affirme Bloch, « la grande volonté d'art architectonique (celle précisément qui conduisit aussi aux projets des cités radieuses), était dans chaque cas particulier la même que l'intention symbolique traditionnellement à l'œuvre dans l'idéologie du vieil artisanat de la construction.[26] Il s'agissait donc de s'approcher d'une existence imaginée et considérée comme paradigmatique, et de la cerner dans la représentation appelée à la refléter. »[27] En mettant en évidence ce paradigme de l'imagination utopique concrète, Bloch veut avant tout souligner que, par exemple, « les colonnes de pierre druidiques tout comme les ziggourats babyloniennes, la pyramide égyptienne, tout

---

[25] *Cf.* Bloch, Ernst, *Le Principe Espérance, t. II,* p. 323.
[26] *Op. cit.*, p. 325.
[27] *Ibid.*

comme le temple grec mis à la mesure de l'homme, la Roma quadrata, voire le marché slave de forme circulaire, obéissaient tous, à partir de leurs symboles respectifs issus de la superstructure, à d'autres impératifs qu'à ceux de la matière première, de la technique et du but immédiat ; et que la cathédrale gothique ne constituait pas une exception vis-à-vis de ces impératifs. Et à propos des loges de constructeurs du Moyen Âge, il tient à souligner que « la formule à laquelle croyaient toutes ces loges, celles devant permettre de réaliser leur édifice utopique, traduit avant tout la tentative d'imitation d'un édifice cosmique ou alors christomorphe considéré comme suprêmement parfait ».[28] Et il insiste sur le fait que ce sont apparemment les « plans primitifs du temple de Salomon (de la Kabbale) qui ont influencé les premières basiliques chrétiennes presque un siècle encore après sa destruction » et que les loges de constructeurs médiévales voyaient en lui le modèle de l'architecture sacrée par excellence.[29] Comme le gothique ne fait qu'imiter en architecture l'arbre de la vie[30], les cités planifiées et les villes idéales ne traduisent que l'utopie de la clarté géométrique du nouvel urbanisme bourgeois. Mais le principe-guide de l'imagination utopique se concrétisant dans les projets de la cité radieuse, idéale, n'est pas le même pour les utopies libertaires (à la Charles Fourier) que pour les utopies de l'ordre ; car, constate Bloch, « tandis que l'utopie sociale de Thomas More décore l'Etat qu'elle considère comme le meilleur, de maisons particulières, de construction en terrasses, de cités-jardins à la structure très lâche, l'utopie autoritaire de Campanella dépeint cent ans plus tard de vastes immeubles d'habitation, des constructions toutes en hauteur et une cité entièrement centralisée. Avec ses murs

[28] *Op. cit.*, p. 327
[29] *Op. cit.*, p. 328
[30] *Op. cit.*, p. 332

concentriques, ses fresques murales cosmiques, la disposition circulaire de l'ensemble, c'est le tracé mathématique rigoureux qui règne ici en maître, conséquence de l'utopie de l'ordre, ou, peut-on même dire, de l'utopie déterminée par l'astrologie. En outre, depuis les projets d'urbanisme baroque, le mot d'ordre de toute cité bourgeoise idéale est resté la géométrie au niveau de l'ensemble. »[31] Ernst Bloch souligne à ce propos que « depuis les projets d'urbanisme baroque, le mot d'ordre de toute cité bourgeoise idéale est resté la géométrie au niveau de l'ensemble. Il n'en a été autrement que dans la seconde moitié du XIXe siècle (…) où l'urbanisme fut non seulement contrecarré, mais carrément anéanti par l'économie du profit individuel ».[32] Et au courant du XXe siècle cette tendance n'a été qu'aggravée jusqu'à noyer dans une architecture fonctionnaliste froide et inhumaine, faite d'acier et de béton, les rêves utopiques qui trouvaient encore leur expression adéquate dans certaines constructions du XIXe siècle, notamment dans les *Passages parisiens.* Si Ernst Bloch insiste à tel point, au cours de son parcours critique sur les utopies, sous toutes leurs formes, sur la fonction utopique de l'imagination créatrice, c'est parce qu'elle n'est que l'extériorisation dans le matériau concret des contenus et rêves de la conscience anti-cipante ; c'est parce qu'il est persuadé que les « images de souhaits » qu'elle comporte et qu'elle extériorise de diverses manières, sont toujours dialectiquement médiatisées avec la fonction concrète d'un « rêver en avant ». Et cela ne veut dire rien d'autre que le « contenu de l'espérance en tant qu'acte éclairé par la conscience (et) explicité par le savoir, est précisément la « fonction utopique positive », ce qui signifie que « le contenu historique de l'espérance évoqué dans les

31 *Op. cit..*, p. 355.
32 *Ibid.*

représentations, sondé encyclopédiquement dans des jugements réels, est la culture humaine axée sur son horizon concrètement utopique.[33] Ainsi Bloch, par le classement des utopies en « utopies de l'ordre » et en « utopies libertaires », procède-t-il en réalité à une positivation des utopies en général, malgré la critique lucide concernant les utopies de l'ordre qui ne sont que des anticipations d'une société totalitaire strictement hiérarchisée. Et c'est cette positivation des utopies, dans sa propre philosophie sociale, qui le distingue du pessimisme civilisationnel des pères fondateurs de *l'Ecole de Francfort* (Adorno-Horkheimer…). On peut cependant relever ici une certaine proximité de vues d'Ernst Bloch avec Karl Mannheim pour lequel les utopies sont principalement des représentations transcendantes de l'être (et de ce fait distinctes des idéologies) qui sont nécessairement « subversives » par rapport à l'ordre social existant. S'il y a une assez grande convergence entre la pensée marxiste utopique d'Ernst Bloch et celle du jeune Horkheimer, précisément au niveau de l'élaboration des bases théoriques d' une nouvelle philosophie de la praxis s'affirmant à la fois comme philosophie matérialiste critique, comme théorie critique de la société et comme philosophie sociale marquée par une assez grande ouverture aux découvertes de la psychanalyse et des sciences sociales modernes, la présence de concepts *théologiques* dans l'œuvre de l'auteur du *Principe Espérance* est, incontestablement, un trait spécifique de la pensée d'Ernst Bloch comme celle de son ami Walter Benjamin, même si tout indique qu'il s'agit là beaucoup plus d'une pensée athée s'efforçant de mettre en évidence des « éléments athées »[34] dans le christianisme que de

[33] Bloch (E.), *Le Principe Espérance,* t. 1, p. 179.
[34] *Cf.* Bloch (E.) : *L'athéisme dans le christianisme,* trad. G Raulet, Gallimard, Paris, 1978.

l'affirmation réelle d'une philosophie religieuse. Par conséquent, la lecture de l'œuvre d'Ernst Bloch devrait nous inciter à réfléchir non seulement sur les fructueuses convergences théoriques blochiennes avec la *théologie de la libération* (en Amérique latine), mais aussi sur l'impact réel de sa mise en cause radicale des fondements théoriques du stalinisme et sur le nexus utopie-praxis, dans une pensée critique dont une des caractéristiques majeures est l'insistance de Bloch sur un *système toujours ouvert à l'expérimentation* et à *l'imagination créatrice (utopique)* et sur un concept de *praxis émancipatrice* qui ne reprend qu'à son compte, en le reformulant, le postulat marxien de la nécessité de trans-former le monde de façon révolutionnaire[35].

C'est donc par un enchaînement extrêmement productif des concepts et des contenus conceptuels de *l'espérance* avec les concepts d'anticipation d'« utopie » et de « praxis » qu'Ernst Bloch s'efforce d'intégrer la dimension messianique de l'espérance, non seulement dans le *Principe Espérance,* mais dans pratiquement toute son œuvre philosophique, dans une philosophie matérialiste de la praxis qui est essentiellement fondée sur la redéfinition du concept de praxis par Marx, dans les *Thèses sur Feuerbach* [36], mais qui présente aussi quelques affinités théoriques avec le messianisme utopique de la philosophie de l'action de Moses Hess[37] et avec la philosophie de la praxis

[35] *Cf.* Bloch (E.), *Experimentum Mundi,* trad. G. Raulet, Paris, Payot, 1980.

[36] *Cf.* Bloch (E.), *Le Principe Espérance,* tome I, chap. 19, *La transformation du monde ou les onze thèses de Marx sur Feuerbach, Op. cit..*, p. 301-34.

[37] Hess (Moses), « Philosophie et l'action » ; « Socialisme et communisme »; « Les derniers philosophes », in : Bensussan (G.), *Moses Hess, la Philosophie, le socialisme*, Paris, PUF, 1985.

d'Antonio Gramsci[38]. En même temps – et cela semble confirmer l'influence que la psychanalyse freudienne a aussi exercée sur la pensée d'Ernst Bloch- l'espérance et ses figures d'objectivation, ses contenus et ses structures, sont mis en rapport direct avec les « images-souhaits » utopiques et les concrétisations du « rêver-en-avant »[39]. Si ces dernières ne sont que des figures de la conscience anticipante, leur transformation dans la réalisation concrète des champs de possibilités réels ne peut s'effectuer, selon Bloch, que si elle est guidée et mis sur la bonne voie par la puissance de l'espérance orientée vers l'avenir. Le cheminement esquissé ici (je renvoie au 1er grand chapitre du 1er volume du *Principe Espérance !)* va de la somnolence demi-consciente et du rêve diurne jusqu'au réveil, du réveil à la décision d'agir, en accord avec la possibilité du possible, et de là jusqu'à la praxis guidée par les images-souhaits de l'anticipation utopique dans la conscience qui n'est pas forcément la praxis d'un sujet solipsiste isolé de son environnement et de la société, puisqu'elle inclut explicitement la possibilité d'un passage du sujet individuel vers le sujet collectif, à savoir du Je vers le Nous. Comme la démarche blochienne est substantiellement distincte de celle de la phénoménologie, même s'il utilise de temps en temps le terme de « phénoménologie » de la « conscience anticipante », il ne peut pas se contenter d'une simple description « phénoménologique » des formes d'objectivation de la conscience, mais il analyse en revanche les diverses formes de médiation existant entre la conscience anticipante et la praxis, en suivant de près la démarche dialectique hégélienne ; il s'agit aussi, pour Ernst Bloch, de libérer le

---

[38] Cf. Gramsci (Antonio), *Cahiers de Prison. Cahiers 10, 11, 12, et 13*, Gallimard, Paris, 1978.

[39] *Cf.* Bloch, Ernst, "Les souhaits les plus mûrs et leurs images », in *Le Principe Espérance,* T. I, Gallimard, Paris, 1976, p. 43-50.

Sujet (concrétisant ses images utopiques dans la praxis) de sa « prison » monadologique et d'esquisser les possibilités concrètes de la participation pratique du sujet individuel (et collectif) « rêvant en avant » à l'action d'émancipation collective. Ernst Bloch ne choisit donc pas la méthodologie de la phénoménologie, c'est-à-dire la voie de la description des « actes intentionnels » de la conscience, mais il esquisse, afin de trouver un fondement ontologique de cette philosophie de la praxis (élargie par la dimension du rêve et du « rever-en-avant »), sa propre « ontologie du non-encore-être » qui n'est plus une ontologie mais plutôt une tentative de donner à posteriori un fondement ontologique à cette pensée, placée d'une façon si spectaculaire sou le signe de l'utopie, de l'anticipation et de l'espérance. Une des caractéristiques de cette « ontologie du non-encore-être » est, effectivement, qu'elle relie dialectiquement, contrairement aux ontologies traditionnelles, le concept de « non-encore-être » au concept de « pouvoir-être » voire de « l'être-en-puissance » (emprunté au Livre Theta de la « Métaphysique » d'Aristote). Autrement dit, ce sont les notions d'« être » et de « non-être » qui sont en permanence dépassés par le concept de « pouvoir-être » *(esse in potentia)*. Mais ce qui compte avant tout, pour Ernst Bloch, c'est la notion de « l'être-en-processualité ». Mais quel est exactement le statut du « non », dans cette ontologie blochienne du *non-encore-être* ? Force est de constater que pour Ernst Bloch, le « non » n'est pas une pure négativité ou un moment de puissance destructrice voire une qualité purement destructrice, mais, comme pour Hegel et pour Marx, une force à la fois négative, productrice et « enceinte » d'avenir, c'est-à-dire quelque chose qu'Ernst Bloch désigne comme un « gestatif au-dessous de tout devenir » dont la négation pousse en avant de façon dialectique (et utopique), dans le processus réel de l'être. Il n'a qu'une qualité destructrice limitée dans la mesure où il apparaît aussi dans la dialectique matérialiste comme « la contradiction qui dissout l'être devenu ». Mais cette contradiction ne produit pas vraiment l'unique sursomption du devenir, dans un cadre spatio-temporel donné, mais elle se manifeste en tant que contradiction permanente à mesure où ce qui est chaque fois déterminé et réalisé doit forcément devenir, à chaque degré de l'être-devenu, sa propre limite parce que « aucun être devenu représente un être parfait dans la tendance envers le Tout ».[40] Autrement dit, Ernst Bloch s'approprie la méthode hégeliano-marxiste de la dialectique de telle façon qu'aucun être devenu ne puisse plus être pensé sous une forme figée et sans ce moment mordant du négatif du « non » voire du « non encore ». En même temps, ce moment ontologique du « non-encore » s'enchevêtre chez Bloch, avec le Sujet fini, à savoir, avec l'affect d'attente du Moi de telle façon que la qualité processuelle de l'être devienne pour ainsi dire le fondement matériel de « l'utopianisation » de l'attitude d'attente de l'espérance[41]. C'est la liaison dialectique des deux instances qui rend possible la transformation du monde dans l'horizon de la production/concrétisation des qualités utopiques tendanciellement présentes en lui, et en mettant cette dialectique nouvelle au centre même de sa pensée et de son œuvre, Ernst Bloch esquisse une nouvelle *philosophie de la praxis* qui enrichit de manière considérable la théorie marxiste du XXème siècle. Finalement, il est encore à souligner que le fait que Bloch ait voulu consacrer son dernier ouvrage à la mémoire de Rosa Luxembourg est tout à fait révélateur pour le combat mené par l'auteur du *Principe Espérance* à la fois sur le front philosophique et politique et pour le tournant décisif

---

[40] Bloch, E., *Le Principe Espérance,* t. 1, p. 360.

[41] *Cf.* Bahr (Hans-Dieter) : „Ontologie und Utopie“, in Schmidt (Burghardt), *Materialien zu Ernst Blochs Prinzip Hoffnung“,* Francfort, Suhrkamp, 1978, p. 291-305.

dans sa pensée politique qui s'est produit en 1956, pendant et après l'insurrection hongroise. Car ce livre – comme son grand discours sur Marx [42] à Trêves, en mai 1968, prononcé à l'occasion du 150e anniversaire de Karl Marx – atteste la rupture définitive du philosophe avec le stalinisme à l'égard duquel il avait été apparemment trop complaisant, notamment en 1936-37, lors de l'organisation des « Procès de Moscou »[43], et pendant les premières années de son magistère à l'université de Leipzig, entre 1949 et 1955, alors que cela était en contradiction avec sa propre philosophie marxiste réso-lument humaniste. Ami de Bertold Brecht, de Hans Mayer et de Hanns Eisler (l'auteur de l'hymne national de la RDA), Ernst Bloch avait en effet assumé, pendant sept ans – en tant que directeur de l'Institut de philosophie de l'Université Karl-Marx de Leipzig et directeur (avec Wolfgang Harich) de la « Deutsche Zeitschrift für Philosophie » - le rôle et la fonction du « philosophe officiel » de la RDA. Mais comme les documents trouvés ces dernières années, dans les archives de la *Stasi* à Berlin et dans les archives de l'université de Leipzig l'attestent, Bloch, s'était, certes prudemment, au début, mais ensuite de plus en plus résolument – engagé, dés 1955, sans avoir jamais adhéré au Parti, du côté de l'opposition de gauche au sein même du *Parti Communiste est-allemand* (SED), en appuyant les forces oppositionnelles à la politique ouvertement stalinienne de Walter Ulbricht, à savoir le groupe oppositionnel autour de Wolfgang Harich (professeur de sociologie), à Berlin-Est.[44]

---

[42] *Cf.* Bloch, E : *Experimentum Mundi.* (Question, Catégories de l'élaboration, praxis), Payot, Paris, 1981.

[43]*Cf.* Bloch, E., *Über Karl Marx*, Suhrkamp, Francfort, 1968.

[44]En mars 1937, Ernst Bloch publia en effet dans la Revue communiste "Die Weltbühne » de Prague un article justifiant la terreur stalinienne et la condamnation à mort de Radek « et des traîtres trotskystes », dans le cadre d'un procès politique monté de toutes pièces par Staline, arguant que ce serait un moyen légitime de Moscou

Comme Brecht et Eisler, il avait désormais le courage de dire « non » à certaines pratiques bureaucratiques et de mettre en garde contre une dangereuse « russification » de la théorie et de la pratique du marxisme, à l'Est. Surveillé par la *Stasi*[45] (la police politique du régime communiste de l'ex-RDA), il aurait dû être arrêté et condamné, dans le cadre d'un « procès contre Socrate » que la justice du régime avait déjà préparé contre lui, en décembre 1956. Ce n'est qu'au tout dernier moment – je le souligne dans ma biographie[46] d'Ernst Bloch – que le projet d'arrestation et d'accusation officielle de Bloch avait été abandonné, suite à certaines discordances au sein même du Comité Central et suite aux craintes du n° 1 de la RDA, Walter Ulbricht, de discréditer davantage son régime par une action extrêmement impopulaire susceptible de déclencher de violentes protestations internationales. Les documents consultés aux archives de l'université de Leipzig attestent aussi qu'Ernst Bloch avait toujours, certes timidement, au début, œuvré en faveur d'une démocratisation du régime, en soulignant, d'abord en privé, puis aussi en public, que le *vrai socialisme,* ce n'était pas la dictature bureaucratique des apparatchiks mais une société juste et égalitaire où

(la citadelle socialiste assiégée comme autrefois Paris, après la Révolution française, par ses ennemis de l'intérieur et de l'extérieur) de se défendre. Lors de la préparation du volume 11e de ses « Ouvres complètes » en allemand, comportant ses écrits politiques (*Politische Messungen, Pestzeit, Vormärz,* Francfort, Suhrkamp), 1970), Ernst Bloch écartait cet article. La découverte de cette autocensure provoqua un petit scandale, lorsque le germaniste Walter publia, dans la « Frankfurter Rundschau », en décembre 1970, un article polémique accusant Ernst Bloch d'avoir volontairement censuré ses propres écrits politiques des années 30.

[45] *Cf.* à ce propos l'excellente étude de Sonia Combe, *Une société sous surveillance. Les intellectuels et la Stasi*, Albin Michel, Paris 1999, p. 123 sq. (« *Ernst Bloch, Une surveillance pour l'exemple »).*

[46] *Cf.* Arno Münster, *L'utopie concrète d'Ernst Bloch. Une biographie,* Paris, Kimé, 2001.

devraient régner la fraternité et la solidarité. Face aux réalités grises du « socialisme réellement existant », la pensée politique d'Ernst Bloch avait donc évolué progressivement vers le luxembourgisme (qui avait déjà marqué sa pensée politique entre 1917 et 1919) et vers l'apologie d'un « socialisme à visage humain. » C'est la raison pour laquelle il avait salué le « printemps de Prague » et toutes les autres tentatives de « dégel » qui se sont produites auparavant en Pologne et en Yougoslavie. Son départ de l'Est à l'Ouest, en août 1961, quelques jours seulement avant la construction du Mur de Berlin, ne changea en rien son attitude politique fondamentale ; car, une fois installé à Tübingen (dans le sud-ouest de l'Allemagne), il rejoint rapidement les étudiants contestataires ouest-allemands, signe toutes les pétitions contre la guerre du Vietnam, milite contre les « lois d'urgence » et participe encore en tant qu'octogénaire à des manifestations publiques à Francfort, à Hambourg et à Berlin. Saluant le « printemps de Prague », comme réalisation de l'utopie concrète d'un socialisme démocratique, il noue une amitié sincère avec Rudi Dutschke (le leader des étudiants allemands en révolte) et tente aussi de se réconcilier avec Adorno. Dans une allocution qui se fit remarquer, il déclare devant un public qui l'applaudit avec enthousiasme, en présence de Willy Brandt, le 18 mai 1968 à Trêves, lors de la commémoration du cent cinquantième anniversaire de Marx :

« Le vrai humanisme ne correspond (...) qu'à ce paradoxe pour tous les empiristes que se dénomme, depuis les années vingt, « utopie concrète ». Ce n'est que d'apparence une *contradictio in adjectum* (...), voire un fondement de l'utopique dans le concret-ouvert de la matière de l'histoire, dans la nature-matière d'elle-même ; en tant que possible objectif-réel qui entoure le réel d'une énorme latence, en attribuant la vraie potentialité du monde à la puissance de l'espérance humaine. En ce sens précis, *l'utopie concrète* implique, dans le matérialisme dialectique, le « novum » d'un matérialisme utopico-dialectique, afin qu'il ne ferme pas, contre les promesses données, les perspectives du but. C'est un champ assez large qui est habité par la matière en tant qu'être en possibilité, et en tant que potentialité en gestation envers de nouveaux modes d'être, tendant vers la « naturalisation de l'homme » et « l'humanisation de la nature », comme le note Marx dans les *Manuscrits économico-philosophiques de 1844, à* propos de l'absence des buts lointains. En somme, continue d'affirmer Bloch, « l'inhumanité de notre monde aurait et aura sûrement encore beaucoup à craindre d'un vrai anniversaire du marxisme. Plus de rapports maître-esclave. Ce qui est bon et juste – une fois libéré de la limonade et du catéchisme – pourrait enfin pousser un cri de soulagement, ayant enfin acquis la liberté –, sans les affaires : l'éthique – sans maître et esclave – ; l'art, sans croyance et illusion et sans superstition. Cela pourrait enfin nous conduire, lors du bicentenaire [de la naissance de Marx] à une commémoration, une fête concrète qui ne coïnciderait plus avec les révoltes des noirs, la famine en Inde ou avec le fascisme renaissant.

« Prométhée, disait le jeune docteur Marx, c'est le saint le plus noble dans le calendrier philosophique. » Ce qu'il voulait dire, c'est qu'il ne sera plus cloué encore une fois au rocher ou à la croix. Au contraire : « *Quod erit demonstrandum*. Ce qui devra être prouvé. »[47]

---

[47] Ernst Bloch, Discours prononcé à Trèves, à l'occasion du 150e aniversaire de Karl Marx, in Ernst Bloch, *Über Karl Marx*, Suhrkamp, Fracfort, 1968, p. 67.

II. Le pré-apparaître utopique dans la philosophie blochienne de la musique*

Le nom d'Ernst Bloch est inscrit en grand dans l'histoire de la philosophie allemande contemporaine comme penseur d'une philosophie de *l'utopie concrète* et de *l'espérance messianique* qui, avec sa grande trilogie *Le Principe Espérance*, a non seulement réussi à réhabiliter les utopies pour le néo-marxisme du XXe siècle, mais qui a aussi défié les ontologies modernes – et notamment celle – phénoménologique – de Heidegger – par l'esquisse d'une « ontologie du non-encore-être » fondée, simultanément, sur une théorie de la « conscience anticipante » et celle du « rêver-en-avant » et des « affects d'attente » qui, dialectiquement enchevêtrés avec la catégorie « possibilité », devrait permettre la transformation d'un « non-encore-être » utopique » toujours immanent dans l'être, en un « être-en-utopie » s'identifiant à un avenir du monde et de la société où la promesse marxiste du bonheur de tous, en fraternité, sans exploitation et sans aliénation, serait enfin réalisée.

Cette pensée du « non-encore » a, comme j'ai essayé de le montrer[48], à la fois une dimension *ontologique* (tendant vers l'esquisse d'une ontologie du non-encore–être), une dimension *morale et politique* (revendiquant la conversion

---

* Conférence prononcée le 17 octobre 2012 au colloque international « Musique –Art de l'Utopie » organisé par Jean-Paul Olive à l'Université de Paris VIII.

48 *Cf.* Arno Münster, *Figures de l'utopie dans la pensée d'Ernst Bloch*, Paris, Aubier, 1985 ; rééd., avec une nouvelle préface, chez Hermann, Paris, 2009 ; Arno Münster, *Messianisme et utopie. (Contribution à une « phénoménologie » de la conscience anticipante)*, PUF, Paris, 1989 ; Arno Münster, *Utopie, Messianismus und Apokalypse im Frühwerk von Ernst Bloch*, Francfort, Suhrkamp, 1982 ; Arno Münster, *L'utopie concrète d'Ernst Bloch. Une biographie*, Kimé, Paris, 2001 (trad. en allemand).

du matérialisme dialectique (marxisme) en une doctrine « morale » et une philosophie de la praxis exigeant la transformation des « rêves diurnes » et des images de souhait de la « conscience anticipante » en une intervention active dans le monde en vue de sa « transformation vers le meilleur »[49] une dimension *religieuse* prônant la prévalence d'une religiosité utopico-messianico-révolutionnaire sur la pratique formalisée et conservatrice de la religion des Eglises, et une dimension *esthétique*, comportant une philosophie de la musique fondée sur la théorie du *pré-apparaître utopique* et une théorie de l'art réfléchissant en profondeur sur la dialectique entre le processus subjectif de création des œuvres et la réalisation d'une substance et d'un *pré-apparaître utopique* tendanciellement immanent dans les œuvres, selon Ernst Bloch, et s'extériorisant, objectivement, avec le concours actif du créateur et de sa « génialité ».

C'est cette dernière dimension que je voudrais développer et expliciter dans cette conférence.

Tout d'abord, une première tâche s'impose : Comment définir le concept blochien de « pré-apparaître utopique » ? Tentons une réponse et une tout première définition :

Dans le terme « pré-apparaître » il y a en effet deux mots : le « pré » et « l'apparaître ». Cela renvoie directement à l'anticipation dans les œuvres et dans leur structure propre d'une image utopique ou d'un principe utopico-constructeur, p.ex. de celui qui a prévalu lors de la construction des cathédrales gothiques, au Moyen Âge, tandis que « l'apparaître » renvoie toujours à la présence d'un réel-symbolique dans l'objet qui, comme le souligne entre autres Gert Ueding, un des spécialistes allemands de la question, « n'est pas une simple copie des figures

---

49 *Cf. Le Principe Espérance*, Gallimard, 1976, t. I.

processuelles et tendancielles dans l'œuvre d'art mais qui signifie en même temps une présence objective renvoyant à sa capacité de transformation et à sa possible perfectibilité comme identité d'elle-même. »[50] Ainsi, la vérité devient-elle un simple mode de l'apparaître. Mais il importe de souligner qu'à ce propos la définition blochienne du *pré-apparaître* se distingue de celle donnée du « Schein », à savoir du « apparaître », par Hegel qui, dans son *Esthétique,* identifie explicitement « apparaître », « essence » et « vérité », si bien que « l'apparaître », dans l'esthétique hégélienne, n'est rien d'autre que la production, l'extériorisation (manifestation) de la vérité par l'œuvre d'art. (Sur ce point précis, Heidegger marche effectivement dans les traces de Hegel.)

Mais, contrairement à Hegel, chez Ernst Bloch, « le non-encore-devenu de l'objet » (de l'œuvre) se manifeste dans l'œuvre d'art comme « quelque chose qui se cherche lui-même, pré-apparaissant dans sa propre signification. » Et ainsi, le « pré-apparaître est non seulement objectif, contrairement à l'apparence subjective, mais il est plutôt *le mode d'être* qui suscite la conscience utopique et lui signifie pour ainsi dire le *non-encore-devenu* selon l'échelle de ses possibilités. »[51]

Ainsi, l'art est pour Ernst Bloch non seulement le reflet d'une vérité métaphysiquement déterminée, mais « structuration (Gestaltung) anticipante, pré-apparaissante d'une réussite non encore arrivée et en même temps stimulation d'une praxis révolutionnaire. »[52]

En même temps, Bloch oppose-t-il, apparemment, à la catégorie du « reflet » (de l'esthétique lukacsienne) celle

---

[50] Gert Ueding (Hsg.), *Ästhetik des Vorscheins, 1*, Suhrkamp, Francfort, 1974, p. 21.
[51] *Ibid.*
[52] G. Ueding, *Op. cit..*, p. 22.

de la « continuation du créer »(Fortbilden)[53], autrement dit, celle de « l'activité esthétique », une catégorie qui décrit de manière adéquate « l'essence dialectique du processus esthétique de l'œuvre, dans sa multiplicité et dans sa médiation complexe », en tenant aussi compte du rétro-effet de cette dialectique sur « la sphère de la conscience sociale et de l'action. »[54]

Ici Bloch met apparemment l'accent sur ce qu'il appelle le « rêve éveillé explicité de l'essentiel » se manifestant dans la conscience, par l'effet de stimulation déclenché par une grande œuvre de poésie ou de musique chez l'individu ; et il a souligné cela, entre autres, aussi dans sa Conférence faite en juin 1935, à Paris, au *Congrès Antifasciste de la Culture*[55] où il était le principal participant de la délégation des allemands antifascistes exilés, avec Bertolt Brecht, Heinrich Mann et Anna Seghers.

Or, force est de constater que les réflexions blochiennes sur l'esthétique musicale et sur le contenu expressif de la musique commencent bien plus tôt, c'est-à-dire avec la publication de *L'Esprit de l'Utopie*, en 1918, dont le chapitre central est une « *Philosophie de la musique* » qui est pour ainsi dire la meilleure attestation de la pensée du jeune Bloch qui résiste encore à la conversion au marxisme et qui est aussi, comme cela a été très justement souligné par le très regretté *Jean-Michel Palmier* (qui a enseigné à cette université et auquel je voudrais ainsi rendre hommage ; c'était un ami), fortement influencée par *l'expressionnisme* et même par des courants de pensée

---

[53] *Op. cit..*, p. 25.

[54] *Op. cit..*, p. 26.

[55] *Cf.* « Marxisme et Poésie ». Conférence faite à Paris, en juin 1935, au Congrès Antifasciste de la Culture (Mutualité), *Cf.* Ernst Bloch, *Literarische Aufsätze*, Œuvres Complètes (GA), vol. 9, Francfort, Suhrkamp, 1965, pp. 135-143.

idéalistes et mystiques. C'est, comme je l'ai souligné, entre autres, dans ma biographie d'Ernst Bloch, une approche encore assez *subjectiviste* de la question de l'origine et de la structure des œuvres musicales et de leur structure sonore spécifique où Ernst Bloch s'efforçait d'appréhender a priori *l'essence du langage musical* à partir du *son* et du *mélos, c'est-à-dire à partir de « ce* que chante en nous-mêmes », en s'extériorisant, à partir de notre intériorité, notre âme, vers les formes musicales extérieures, comme « une flamme qui jaillit de nous le son entendu. »[56] C'est dans ce contexte précis que Bloch esquisse, entre autres, dans son premier grand ouvrage philosophique, cette théorie très originelle du « Ich-Ton », du « son moïque » qui lui sert de guide théorique pour ainsi dire, dans cette première grande esquisse d'une « philosophie de la musique » qu'est *L'Esprit de l'Utopie.* Cette contribution à l'histoire de la musique, au sens où l'entend Bloch, se distingue apparemment de tout autre *Traité de musicologie* ou d'histoire de la musique, par son caractère essayiste et par la volonté affichée, dès le premières pages de cet ouvrage, de placer l'expressivité subjective des grandes œuvres musicales et notamment la théorie des structures expressives de la musique comme extériorisation d'une *volonté utopique subjective,* au centre même d'une théorie de la genèse des grandes œuvres musicales. Certes, Ernst Bloch n'est pas complètement indifférent à l'aspect du contexte *sociologique* de la genèse des œuvres, mais – précisément à la différence d'Adorno – l'objectif que Bloch s'est fixé, dans ce livre (réédité en 1923) n'est pas du tout d'écrire une quelconque « sociologie de la musique » d'un point de vue matérialiste, mais plutôt l'esquisse de l'évolution historique des diverses figures d'objectivation de la

---

[56] *Cf.* Ernst Bloch, *l'Esprit de l'Utopie*, trad. A.M. Lang, C. Audard, Paris, Gallimard, 1977.

subjectivité utopique créatrice, dans les œuvres musicales, ce qui le conduit à affirmer, par exemple par rapport à la musique baroque et à l'époque ce que les musicologues appellent la « Wiener Hochklassik » (c'est-à-dire, le grand classicisme viennois) que « chez Mozart s'objective le Moi temporel, chez Bach le Moi spirituel. » C'est donc chez Mozart, le moi luciférien (encore court) du temporel, et chez Bach le Moi chrétien (...) du spirituel, le Moi que la pensée protestante plus proche et plus subjective rend accessible, de la bonté ou de l'Adam sauvé. (...) C'est illuminé de l'intérieur, l'élan de la volonté chrétienne d'agir, en ce sens que la musique de Bach cherche à exprimer l'effort de l'âme vers son salut, les degrés de l'amour et de l'espérance, derrière lesquels (...) s'élèvent les trois formes vives supérieures, les degrés de la foi, de l'illumination et de l'apocalypse, au sein d'une phénoménologie religieuse non pas plus sublime mais plus difficile et plus définitive. »[57]

On voit bien que dans cette *philosophie de la musique* qui n'hésite pas à s'exprimer aussi parfois en des termes religieux, le *son* – cet élément élémentaire et fondamental de toute construction musicale – n'est plus considéré comme un simple matériau (mesurable sur l'échelle des fréquences) mais comme un phénomène *expressif* et *utopico-constructif* de tout premier ordre ; car « pour devenir musical, il en est réduit au rang de celui qui s'en empare et s'en sert, pareil aux ombres qui renseignèrent Ulysse. »[58]

Par ailleurs, tous les développements et réflexions consacrés par Ernst Bloch à l'histoire de la musique et à la genèse de ses figures expressives utopiques d'objectivation respectives (du chant grégorien jusqu'à la musique romantique de Wagner, des madrigaux de la

---

[57] Bloch, E., *L'esprit de l'utopie*, p. 279 sqq.

[58] Lévinas (E.) : *Dieu, la mort et le temps*, Grasset, Paris, 1993, p. 108.

Renaissance de Monteverdi jusqu'aux grandes symphonies de Beethoven, de Schubert, de Brahms, de Bruckner et de Gustav Mahler), ne servent, en dernière analyse, de démonstration pour l'hypothèse – déjà exprimée au début de ce chapitre – que « la musique est l'unique théurgie subjective » ; qu'elle « nous amène dans la chaude et profonde retraite ancestrale du monde intérieur, où seule une lumière brille encore au sein de l'obscurité trouble, mieux, d'où seule peut encore venir la lueur qui doit mettre fin à la confusion, à la stérile puissance de l'existant pur et simple » - retraite profonde et ancestrale qui devrait se confondre « au Jour du Jugement dernier, avec le Royaume des cieux. »[59] La lumière ici évoque symbolise en effet ce principe utopique, cette anticipation utopique….

Nul doute que Bloch a pris volontairement le risque, par l'exposition et la défense de cette théorie de la subjectivité utopique intérieure, expressive, se transformant en extériorité et s'objectivant dans les formes musicales respectives, de défier non seulement la musicologie officielle – méfiante à l'égard d'une telle métaphysique du langage musical, mais aussi toutes les approches sociologiques modernes mettant l'accent sur les homologies entre les structures sociales existantes et les structures objectives des œuvres musicales de la modernité. Un fossé théorique énorme sépare ainsi *l'esthétique du jeune Bloch de l'esthétique d'Adorno,* cette dernière étant défini a priori comme une *sociologie matérialiste de la musique* qui, réduisant au strict minimum le facteur subjectif, dans le processus de genèse des œuvres musicales (modernes), se situera pratiquement aux antipodes de l'approche blochienne, pouvant pourtant réclamer pour elle-même une plus grande fidélité à l'égard de la théorie marxiste (matérialiste). Il est évident que

---

59 Levinas (E.) *Dieu, la mort, et le temps*, *Op .cit.*, p. 110.

cette faiblesse théorique – relative – de Bloch, marquant sa première esthétique de jeunesse, a limité l'impact et le rayonnement de cette « Philosophie de la musique », en laissant l'avantage aux philosophes-sociologues de Francfort qui se sont donnés, eux, des instruments conceptuels plus affinés pour saisir les figures de la modernité musicale, dans le cadre d'une esthétique beaucoup plus *sociologique* que philosophique. Mais même si Bloch fait ici plutôt figure de solitaire, précisément par l'aveu de ses liens non encore réellement démentis avec l'idéalisme, le romantisme et aussi avec *l'expressionnisme*, il semble pouvoir nous séduire quand même par l'authenticité et l'humanité d'un discours sur le langage musical qui, au-delà des critiques légitimes de la musicologie professionnelle, atteste une sensibilité unique pour l'expressivité du langage musical qui n'est pas simplement réductible à des formalisations ou des explications à partir de l'évolution du matériau musical. Et c'est seulement sur ce terrain-là que Bloch sera en mesure de l'emporter sur ses concurrents…

Ce qui unit la « Philosophie de la musique » de *L'Esprit de l'Utopie* avec le *Principe Espérance*, la grande trilogie philosophique composée par Ernst Bloch pendant son exil américain, entre 1938 et 1945, c'est que Bloch reprend et rediscute ici les principaux concepts et thèmes de son premier grand livre qui commence précisément par toute une série de réflexions consacrées au *son* (der Ton). Le son, l'élément constructeur élémentaire de toute œuvre musicale, c'est évidemment pour Bloch qc. qui se rattache non pas exclusivement à un Moi, mais, simultanément à un *Moi* et à un *Nous*.[60]

Le son « exprime aussi ce qui est encore muet dans l'homme lui-même. » Il évoque à ce propos une source

[60] Ernst Bloch, *Le Principe Espérance,* t. III, trad. fr. F. Wuilmart, Paris, Gallimard, 1991, p. 173.

(mystérieuse) qui « jaillit et bouillonne du désir que l'on a d'être soi-même, désir inquiet qui ici s'écoute. Aspiration qui prend forme, agitation en soi qui se fait sonore, en tant que mélodie qui s'étire solitaire ou s'entrelace avec d'autres, mais figure toujours des traits humains visibles. C'est donc un bonheur d'aveugles qui s'ébauche ici, en deçà de tout comme au-delà des choses telles qu'elles existent. »[61]

Ernst Bloch identifie donc, volontairement, dans son esquisse d'une philosophie de la musique, *son* – mélodie (*melos)* et *chant*, et le chant est même défini à un endroit précis du chapitre intitulé comme « *le franchissement et le monde le plus intensément humain qui soit : dans la musique »*[62], autrement dit, comme « un cri extériorisant une pulsion »[63].

Selon Bloch, l'origine de la musique se situe, historiquement, dans l'Antiquité grecque, au moment précis où « le son de la flûte de Pan, de la flûte champêtre, était censé parvenir aux oreilles de la femme aimée, aussi éloignée qu'elle fût. »[64]

« Ainsi, la musique commence-t-elle par être nostalgique et fait ses débuts comme appel lancé à l'adresse de ce qui manque. » En bref, la flûte de Pan est « l'ancêtre de l'orgue, « elle est le berceau de la musique comprise comme expression de l'Humain, comme *rêve-souhait sonore.* »[65]

Or, pour justifier cette théorie de *l'origine* de la musique, Bloch ne se s'appuie non pas sur les travaux de sociologues ou des musicologues de son époque, mais sur une fable racontée par Ovide, dans les *Métamorphoses,*

---

[61] *Op. cit.*., p. 174.

[62] *Principe Espérance,* III, ch. 51.

[63] *Op. cit.*., p. 174.

[64] *Ibid.*

[65] *Op. cit.*., p. 175.

selon laquelle la flûte naquit en Arcadie, au moment précis où Pan s'amusait à courir après les nymphes et se mit à poursuivre Syrinx. En coupant un roseau en plusieurs morceaux, Pan aurait tenté d'imiter les *sons* du vent qui soufflait, et ainsi seraient nés les « débuts modestes et riches de suites de l'expression humaine qu'est la musique. »[66]

Ainsi, toujours selon Ernst Bloch, « ce qui se situe de l'autre côté de la frontière est saisie dans une plainte, regagné dans une consolation. La nymphe disparue survit sous forme de son, en lui elle se pare, s'apprête, fait retenir son absence.

Avec cette théorie aussi originelle que controversée des *origines de la musique*, Ernst Bloch ignore donc toutes les théories musicologiques, sociologiques et matérialistes de son époque qui s'efforçaient d'expliquer l'origine de la musique, p. ex. par le *chant collectif* pendant le travail sur les champs, donc par un rapport originaire au *travail*, engendrant le rythme des premiers chants, ou bien par la nécessité éprouvée par l'Homme religieux d'accompagner le culte des dieux (ou de Dieu) par des récitations exprimées dans le langage musical (espèce de *Sprechgesang*). Mais il reste malgré tout toujours assez réceptif à l'égard des réflexions concernant la musique et son essence consacrées par Hegel[67], dans son esthétique, à la *musique* et ses *contenus de vérité.*

Dans ce chapitre important du tome IIIe du *Principe Espérance*, Ernst Bloch déploie donc non seulement une théorie assez subjectiviste, romantique, expressionniste et même, partiellement, mystique de la musique qui n'est pas dépourvu de certaines ressemblances avec l'esthétique

---

[66] *Op. cit..*, p. 175.

[67] *Cf.* G.W.F.Hegel, *Vorlesungen über die Ästhetik.* Werke in zwanzig Bänden,Theorie-Werkausgabe, Suhrkamp, Francfort,1970, vol. 13 – 15.

du jeune Lukacs (*notamment* le Lukacs des *Âmes et des Formes)*, mais il y esquisse aussi, en ce qui concerne par exemple le problème du *son,* simultanément avec la théorie du *son moïque* (Ich-Ton), une théorie du *manque,* du désir et de la *transcendance q*ui excelle par son originalité.

Quelque chose manque, « et c'est ce *manque* que le son tout au moins exprime clairement. Il a lui-même quelque chose d'obscur et d'inassouvi, il flotte et s'étire, il ne s'arrête pas à un lieu fixe, comme le fait la couleur. (...) Pourtant, si le *son* ne se laisse pas définir dans l'espace, il se laisse d'autant plus nettement situer dans le *temps,* dans la mesure, dans le *chant* qui suit une certaine direction ; ainsi les figures décidées de l'Inquiétude se traduisent-elles dans des formes musicales sur la teneur desquelles on ne saurait se méprendre ; ce sont les figures bien reconnaissables des franchisseurs de frontières ».[68] La transcendance est donc une des principales caractéristiques de cette philosophie spécifique à bien des égards teintée encore de néo-romantisme utopique de la musique....

En ce qui concerne le désir, Bloch va même jusqu'à évoquer, p.ex. chez Hector Berlioz, la présence d'un désir érotique incœrcible ; puisque, « les figures des grands franchisseurs de frontières », souligne Ernst Bloch, « ont toutes en elles un ferment d'une intensité particulièrement *utopique.* P.ex., la nymphe Syrinx, « sous les traits d'une jeune fille, est le thème fondamental de la *Symphonie fantastique* dont elle traverse les cinq mouvements. « Stella », c'est l'être dont l'absence est déploré bien qu'elle soit toujours musicalement présente : au milieu des grimaces, du glas des bacchanales, de la parodie du Dies irae sur laquelle s'achève la *Symphonie fantastique.*[69]

---

[68] *Op. cit..*, p. 176.
[69] *Op. cit..*, p. 177-178.

Nul doute que pour Ernst Bloch qui avait toujours une assez grande admiration pour la France, à cause de la grande Révolution de 1789 et de la Déclaration des droits de l'Homme, Hector Berlioz est, principalement, un « enchanteur parmi les musiciens ». Chez lui : « la longue ligne mélodique qui s'étire dans l'invisible se fait aiguë et éclatante, et la planète qui pleure Syrinx, devient démoniaque. Ici l'être manquant, voire l'Absolu, n'est pas logé dans le finale (...). Il habite le faible grondement de l'orage, la scène aux champs,la réponse qui n'en est pas une et qui renferme pourtant l'autre réponse encore introuvée, dans ses implications, dans cette contexture que produit la signifiante pause survenant avant l'orage dans la coda. » [70]

On peut aussi spéculer sur l'influence que la philosophie de Schelling ait pu exercer non seulement sur la philosophie blochienne de la nature (Habermas n'a-t-il pas appelé Ernst Bloch un « Schelling marxiste ? »), mais aussi sur son esthétique, et à ce propos les références (directes ou indirectes) de Bloch à la philosophie schellingienne de l'art – fondé dans *l'Absolu* (à savoir, en Dieu) – sont, me semble-t-il assez explicites. Le problème est seulement qu'Ernst Bloch ne veut pas en rester là et tente donc constamment d'élargir la perspective, précisément en direction d'une *philosophie de l'art utopique (ou de l'anticipation utopique)* qui, certes, conserve toujours une dimension assez romantique et même spirituelle mais qui s'ouvre aussi aux dimensions *sociologiques* de la création des œuvres d'art (musicales) dans le monde tel qu'il existe, avec toutes ses contradictions sociales.

C'est d'ailleurs ici que se situe, précisément, la différence entre la philosophie de la musique de *l'Esprit de l'Utopie* et celle exposée dans le *Principe Espérance.*

---

[70] *Op. cit..*, p.178.

Evidemment, l'interprétation étonnante et très sympathique de la *Symphonie fantastique* d'Hector Berlioz, fournie par Ernst Bloch, dans le Tome III du *Principe Espérance,* pourrait aussi être citée comme preuve d'un certain tournant de Bloch vers une *sociologie de la musique,* mais un tournant quand même limité.

Ce tournant se manifeste précisément là où Bloch évoque, dans ce sous-chapitre intitulé « L'expression humaine, indissociable de la musique », les tendances *sociales* qui sont elles-mêmes reflétées et exprimées dans le matériau sonore (p.ex. de la composition de Berlioz), « bien plus aussi que la force *expressive* purement romantique. Et Bloch continue d'affirmer qu'aucun art n'est aussi *socialement conditionné* que la *musiqu*e qui pourtant passe souvent pour être création automatique, voire mécanique alors qu'en réalité elle est mue entièrement de matérialisme historique, d'une très grande complexité précisément historique »[71].

Ces réflexions reflètent incontestablement l'intérêt de Bloch pour les recherches en sociologie de la musique d'Adorno qu'il avait rencontré la première fois, en 1920, à Berlin, par la médiation de Walter Benjamin, et avec lequel il avait lié une amitié, qui hélas, avait pris fin, dans des conditions assez dramatiques, pendant l'exil aux Etats-Unis, en 1942. A certains moments, cette influence était si grande qu'on pourrait être tenté de conclure que Bloch avait entre-temps presque totalement adhéré à cette théorie. Par exemple, quand on lit les passages suivants (pp. 179 sq. du tome III du *Principe Espérance,* où Bloch souligne que ni « Haydn, ni Mozart ou Bach, ou Beethoven ou Brahms ne sont concevables sans la toile de fond sur laquelle se tissait le motif d'une mission *sociale* particulière, mission qui se traduit à des niveaux multiples, que ce soit dans le monde d'exécution, dans la structure

[71] Ernst Bloch, *Le Principe Espérance*, t. III, p. 179.

tonale avec sa composition, ou dans l'expression, l'énoncé du contenu. C'est la monté de *l'impérialisme* en Angleterre que reflètent dans leur glorieuse superbe les oratorios de Händel où éclatent les premiers accents de fierté d'un peuple d'élus. Un Brahms est impensable sans la société bourgeoise et ses concerts (pensez p.ex. à l'Ouverture académique exécutée à l'université de Breslau (Wroclaw) en présence des corporations estudiantines (nationalistes), et la musique du « néo-réalisme », prétendument dépourvu d'expressivité, est tout aussi peu concevable sans l'essor gigantesque de *l'aliénation, de l'objectivation, de la réification dans le capitalisme tardif.* C'est ici, nous rappelle Ernst Bloch, que la classe des consommateurs, avec ses intérêts propres, et en général la panoplie des sentiments et des objectifs de la classe dominante de telle ou telle époque qu'exprime la musique. En vertu de cette faculté directe qu'elle a d'exprimer l'Humain, la musique a donc plus que tous les autres arts la propriété d'accueillir la souffrance sous ses multiples aspects, les souhaits et les points lumineux de la classe opprimée. »[72] Il y a là, incontestablement, l'esquisse, par Ernst Bloch, d'une théorie matérialiste, *marxiste* de la musique qui, si jamais il avait persévéré dans cette voie, aurait bien pu permettre un rapprochement plus grand, dans le domaine de l'esthétique, avec Georges Lukacs et Théodor W. Adorno….

Mais, malgré cet effort de se tourner aussi vers une interprétation *sociologique*, matérialiste (qui était encore absente dans la « Philosophie de la musique » de *L'Esprit de L'utopie*, Bloch a maintenu en même temps grosso modo sa propre théorie la musique, comme *expression* par excellence de *l'Humain,* en soulignant à fortiori, que « de toute évidence, l'expression d'un contenu humain n'est

[72] *Op. cit.*., p. 180.

pas le privilège du romantisme. »[73] (III, 180). Et à ce propos, il ne relève pas du tout du hasard qu'il trouve, même dans la musique si rationnelle de J.S. Bach, ce grand maître des équations contrapuntiques, des traces d'un « romantisme », du moins d'une « expression spécifique »[74]. Et il rejoint sur ce point précis l'analyse de Bach par Albert Schweitzer. Mais, peut-être, Bloch est-il ici vraiment allé un peu trop loin, prenant délibérément le risque de se mettre à dos toute la musicologie universitaire officielle qui n'était nullement disposée à le suivre dans cette analyse et cette argumentation vite classée « d'extravagante »….

« On trouve, chez Bach », souligne Ernst Bloch, « une échelle *expressive* absolument unique, qui va de l'angoisse de la mort et de la nostalgie de la mort au réconfort, à la confiance, à la paix et au triomphe ». Et il tombe d'accord avec Albert Schweitzer quant au jugement que « du point de vue de la musique pure, les harmonisations de Bach sont une véritable énigme : en effet, ce qui lui importe ce n'est pas de créer une mélodie qui formerait un tout esthétique, mais il se laisse guider par la poésie et l'expression verbale. Dans cette entreprise, il se risque donc très loin des principes naturels de la phrase pure, comme on peut le voir dans l'harmonisation du « Doit-il toujours en être ainsi, de la sentence et de la peine », dans la cantate intitulée « Ô, être misérable que je suis, qui me délivrera donc ? » (n° 48), qui en tant que musique pure est vraiment insupportable du fait que Bach veut y faire éclater toute la brutale douleur du péché exprimée par les mots… Non content d'écrire une belle mélodie accompagnant le texte, il tente l'impossible qui devient ici possible en allant chercher dans les paroles un sentiment qui, renforcé et décuplé par un certain affect, devient

[73] *Ibid.*
[74] *Op. cit.*, p. 182.

musicalement représentable.[75] (C'est ce qu'écrit Albert Schweitzer, dans son grand livre consacré à Jean Sébastien Bach, publié en 1951.)

Pourquoi cet éloge de Schweitzer ? Tout simplement, parce que Albert Schweitzer, dans son livre sur J.S. Bach, met toujours en évidence la toute « puissance du langage musical » du compositeur allemand protestant (III, 184) et parce qu'il met également l'accent, et probablement « trop » pour certains musicologues, sur l'expression, à savoir sur *l'expressivité humaine* extraordinaire dans les compositions de Bach. C'est dans la continuité logique de cette interprétation qu'il peut en effet affirmer, toujours au sujet de J.S. Bach, que « la musique cristalline des fugues pour orgues (…) possède toujours cette qualité *expressive*, en dépit même de sa structure cristalline qui est ici moins que jamais autarcique. Les œuvres les plus ouvertes sur le monde que sont celles de la période de Köthen, les concertos brandebourgeois surtout, avec leur architecture grandiose et élégante, leurs variations multiples et l'intensification de leur teneur thématique, témoignent d'une richesse expressive dont le dynamisme résulte d'une dimension *sociale* et n'est certes en rien le fruit de savants calculs mathématiques. L'expression existe donc déjà dans la musique préromantique, elle est immanente à tout forme musicale de bon aloi, elle est simplement accolée à la mauvaise ;(…) ces formes ne sont ni objets ni fins en soi ; ce ne sont que des moyens d'atteindre une diction qui surpasse la parole, une diction sans paroles, et en fin de compte et toujours : la formulation d'un … appel. »[76]

Or, quant à cette théorie de *l'espressivo* ou de *l'expressivité,* Ernst Bloch tient bien à préciser que « ce dont il est finalement question ici, ce n'est plus du tout de l'expression dans la musique, mais de la *musique elle-*

[75] Albert Schweitzer, *Johann Sebastian Bach*, 1951, p. 403, 408.
[76] *Op. cit.*, p. 184-185.

même en tant qu'expression, c'est-à-dire de la totalité de son propos, de sa signifiance, de sa fonction réfléchissante et de ce qu'elle reproduit ou reflète de façon aussi voilée et pourtant prenante au double sens du terme. Et c'est vers cela seulement que tend la musique, cet art si jeune en vertu de sa polyphonie ; elle va à la rencontre de son langage propre, d'une *poesis a se,* encore inconnue bien que préfigurée dans une puissante expression. Un tel langage, conclut Bloch, ne peut naître que d'une « musique absolue » (voilà la référence à Schelling !), non d'un quelconque texte déjà arrêté qui lui serait supérieur. »[77]

Pour conclure : Même si la philosophie de la musique blochienne repose donc sur ces deux piliers théoriques majeures (la musique comme *expression d'elle-même et* comme *expression d'un Absolu*)(ce qui atteste toujours la présence, dans cette philosophie de la musique, de Schelling), Bloch ne reste pas du tout indifférent, dans le cadre de ces réflexions, à l'égard d'autres définitions ou descriptions phénoménologiques de la musique, comme par exemple *la musique en tant que et monde régi par des lois (mathématiques)* et b) la musique comme *harmonie des sphères*[78]; comme il ne restera pas non plus indifférent à l'égard des théories matérialistes focalisant sur les déterminations *sociologiques* des créations musicales. A ce propos, force est de souligner deux affirmations de l'auteur du *Principe Espérance* : 1° son affirmation[79] que « sur le plan social la cause (de l'apogée romantique) en *fut l'existence de l'ample couche de la bourgeoisie citadine et de son besoin* d'excitation (...), et puis surtout la petite bourgeoisie et sa grande consommation de

---

[77] *Op. cit.*, p. 187.
[78] *Cf. Op. cit..*, p. 189.
[79] *Op. cit..*, p.186

sentiments au rabais. »[80] 2° Son constat que « la société s'infiltre dans le matériau sonore et l'imprègne en profondeur ; il n'est ni spontané ni d'origine naturelle (...) La *sonate* avec le conflit des deux thèmes, la tonique, le développement, la reprise (*Cf.* Beethoven !), présuppose la *dynamique capitaliste* ; la *fugue,* composée de strates sonores non dramatiques, reflète la société statique des états (J.S. Bach). La musique dite *atonale* serait impensable dans une autre conjoncture que celle du *déclin de la bourgeoisie tardive* auquel elle répond par les accents de son audacieux désarroi [*Cf.* Arnold Schönberg]. La technique dodécaphonique qui oublie tout du rapport dynamique entre les dissonances et la consonance, la modulation et la cadence, pour créer ses séries rigoureusement fixées, eût été inconcevable au siècle de la concurrence libre. »[81]

Très probablement, Ernst Bloch n'aurait jamais pu écrire cela s'il n'avait pas rencontré au préalable, déjà dans les années 20, à Berlin, puis à Vienne, en 1934, Théodor W. Adorno, et s'il n'avait pas eu, avec le futur grand auteur de la *Sociologie de la musique,* un grand nombre d'entretiens et de discussions passionnantes, notamment autour de la *philosophie de la musique.* La différence de vue qui s'est pourtant fait ressentir assez tôt entre Bloch et Adorno, s'exprime pourtant dans le fait que 1° Bloch manifeste quand même, malgré son adhésion partielle aux thèses respectives d'Adorno, une certaine distance/méfiance à l'égard de ce que l'on pourrait appeler le *pan-sociologisme* d'Adorno, et que 2° Bloch, contrairement à Adorno, manifeste, dès le début de ses réflexions philosophiques sur la musique, quand même assez peu d'intérêt pour la musique *atonale* et *dodécaphonique*, à savoir pour les composition d'*Arnold*

---

[80] *Op. cit..*, p. 186.
[81] *Op. cit..*, p. 190.

Schönberg et d'*Alban Berg,* alors qu'Adorno en était fasciné dès le début et s'est même installé pendant quelque temps, précisément à Vienne, pour prendre des cours de composition auprès de Alban Berg.

Et quand on lit attentivement le grand chapitre 51 du *Principe Espérance* consacré à la musique, on se rend immédiatement compte que Bloch, contrairement à ce qu'on pourrait imaginer, n'a pas quant à lui un préjugé contre une musique organisée et composée selon le canon des lois mathématiques, mais il tient quand même à souligner que « le problème ainsi soulevé n'est pas seulement celui d'un *melos sans expression*, mais – du point de vue de l'idéal et de l'image parfaite d'un canon autarcique – celui d'un melos dépourvu du Moi, et donc d'une musique exclusivement régie par des lois ».[82] Il cite, à titre d'illustration, la *Fugue du chat* de Scarlatti.

Or, Bloch, dans un souci de défendre à tout prix sa propre théorie de la musique comme *expression d'elle-même* va effectivement jusqu'à introduire le concept de *Musique-existence,* précisément à propos de l'adagio de la 6ème Symphonie de Bruckner et du final de la *Pastorale* de Beethoven.[83]

Or, il est évident qu'Adorno – et avec lui, toute la corporation des musicologues contemporains – n'aurait jamais accepté ce terme vu que son objectif de recherche était la mise-en-évidence des homologies entre les processus sociaux objectifs réels et les structures objectives des œuvres d'art, donc le matériau musical.

Il est vrai qu'on a reproché à Ernst Bloch de s'éloigner trop, avec ces affirmations et ces théories, privilégiant toujours les *figures d'une expressivité subjective,* d'une analyse rationnelle du matériau musical et d'avoir dévié, volontairement, vers une herméneutique méta-physique et

---

[82] *Op. cit..*, p. 192.
[83] *Ibid.*

utopique de la musique, difficilement acceptable, notamment du point de vue d'une sociologie de la musique.[84] Ainsi Willi Kahl, dans le premier compte rendu publié (en décembre 1923, dans revue allemande « Die Musik ») sur le chapitre « Philosophie de la musique » de *L'esprit de l'Utopie*, est en effet le premier à reprocher à Ernst Bloch « un manque de clarté conceptuelle »[85] s'exprimant dans le fait que Bloch préférerait « voiler par des images, des allégories et des paraboles » des faits musicaux au lieu de les analyser concrètement, et il s'attaque aussi au terme blochien d'accomplissement *(« Erfüllung »)*, en lui reprochant un certain « maniérisme » du langage qui fatiguerait le lecteur. [86]

Je me suis permis de répliquer à ces reproches, en soulignant que si on admet l'existence d'un « indicible transcendant utopique » dans le langage musical, on devrait plutôt féliciter Ernst Bloch pour l'ingénieuse capacité de le décrire dans un langage, certes, parfois allégorique et parabolique, mais non dépourvu de clarté, dans sa densité et son exubérance quasi-expressionniste.[87]

Bien sûr, il est déjà beaucoup plus difficile de réfuter l'autre accusation habituellement portée par la musicologie officielle ou professionnelle contre la

---

[84] C'est Adorno qui, dans *« La philosophie de la nouvelle musique »* et dans la *Théorie esthétique* formule – bien entendu, la plupart du temps, entre les lignes, ce reproche. (*Cf.* aussi la polémique d'Adorno contre le concept blochien de *l'expressivité subjective* in *« Philosophie der neuen Musik »* (Philosophie de la nouvelle musique) (éd. allemande), Francfort, Suhrkamp,1958, p. 51 sqq.

[85] Cf . Kahl, Willi : « Geist der Utopie » (Recension)),in : « Die Musik » (La Musique- organe de la musicologie allemande), n°16, 1923,p.204.

[86] *Cf. Op. cit.*.,p.204.

[87] *Cf.* Arno Münster, *Utopie, Messianismus und Apokalypse im Frühwerk von Ernst Bloch* (Utopie, Messianisme et Apocalypse dans l'oeuvre de jeunesse d'Ernst Bloch), Francfort, Suhrkamp, 1982, p. 152-154.

philosophie de la musique d'Ernst Bloch, à savoir celle qui consiste pour l'essentiel à contester la valeur de ce que Bloch dit sur l'origine et le développement historique des formes musicales.[88] Le manque de systématisation de ces parties, surtout dans *L'Esprit de l'Utopie* est, certes, une tare dont Bloch était lui-même conscient, mais le reproche « d'ignorance », dans ce domaine, formulé, non sans une certaine arrogance, par certains spécialistes, me paraît injustifiable.

Car, qu'il s'agisse du chant grégorien, de la polyphonie des maîtres italiens du XIe et XIIe siècles, ou de la musique des maîtres de l'école franco-néerlandaise, qu'il s'agisse de la technique des madrigaux ou de l'art de la fugue d'un Frescobaldi ou d'un J.S. Bach, sans parler des analyses extraordinaires consacrées à la musique de Mozart, de Beethoven, de Gustav Mahler et même de Richard Wagner[89] - partout, dans ce domaine, Bloch fait preuve d'une compétence unique de musicologue et d'une culture musicale immense ; mais il privilégie apparemment l'analyse des grands moments dramatiques et émotifs de la « grande musique » - en l'occurrence de la musique classique – au détriment de l'analyse « froide », systématique et mathématique des tendances immanentes du matériau musical. (Je renvoie à ce propos à son analyse du *Fidelio* de Beethoven !) Par rapport aux

[88] *Cf.* à ce sujet : O.K. Werckmeister : « Ernst Blochs Theorie der Kunst » in « Die neue Rundschau » (année 79) n°2, 1968, pp. 233 sqq.
[89] *Cf.* le chapitre « Philosophie de la musique » (Philosophie der neuen Musik), Francfort, 1958; du même auteur : *Klangfiguren (*Figures sonores, Berlin/Francfort 1959 ; *Quasi una phantasia* (*Ecrits musicaux*, tome II),Francfort, 1963 ; *Einleitung in die Musik-soziologie* (*Introduction à la sociologie de la musique*), Francfort 1962 ; *Moments musicaux* (Nouveaux Essais) (1928-1962), Francfort, 1964 ; *Mahler, Eine musikalishe Physionomik* (Malher : (*Une physionomie musicale*), Francfort 1960 : *Impromptus* (Essais musicaux – deuxième série), Francfort, 1968.

critiques précédentes de la musicologie, les objections formulées par Adorno sont plus sérieuses. Certes, Adorno ne cite que rarement Ernst Bloch dans sa *Théorie esthétique* et dans ses autres écrits théoriques sur la musique[90] ; mais il n'y a pas le moindre doute qu'Adorno polémique, dans la définition et le développement de la plupart de ses réflexions musicologiques, contre les conceptions blochiennes.

Des positions quasi diamétralement opposées se révèlent aussi lorsqu'on compare les conceptions respectives des deux philosophes au sujet du concept d' « expression » (musicale) et du concept de « génie ». Il paraît à bien des égards significatif qu'Adorno, tout en qualifiant la musique comme « l'expression extrême de certains caractères de l'élément artistique »[91], refuse le théorème blochien de la *primauté de l'expression.* Il insiste au contraire sur la structure *trans-individuelle* des œuvres musicales et sur ses caractéristiques en tant que « protocoles esquissant des expériences de caractère obligatoire » dont la « force de structuration dépend du fait qu'elles expriment véritablement en elles-mêmes la dimension harmonique en profondeur ainsi que le contrepoint et la polyphonie ».[92] Pour Adorno, le référent principal n'est donc pas le sujet créateur, mais le NOUS

---

[90] *Cf* Adorno, *Philosophie de la nouvelle musique (Philosophie der neuen Musik*), Francfort, 1958 ; du même auteur, *Klangfiguren* (Figures sonores, Berlin/Francfort, 1959 ; *Quasi una phantasia (*Ecrits musicaux, tome II), Francfort, 1963 ; « *Einleitung in die Musik-soziologie »* (Introduction à la sociologie de la musique), Francfort, 1962 ; *Moments musicaux (*Nouveaux essais) (1928-1962), Francfort, 1964 ; *Mahler eine musikalische Physiognomik* (Mahler, une physionomie musicale), Francfort, 1960 ; *Impromptus (*Essais musicaux – deuxième série), Francfort, 1968.

[91] *Cf.* Adorno, *Théorie Esthétique*, Paris, 1974, p. 224.

[92] *Cf.* Adorno, *op. cit.*. p. 224.

(par exemple de la musique polyphonique) « issu du rituel choral et introduit dans la chose ».[93]

Et quant à ce « Nous », Adorno tient bien à préciser qu'il ne serait guère réductible à une « classe sociale déterminée » mais que le « Nous esthétique » serait *social* et *global* seulement dans l'horizon d'une certaine *indétermination.*[94]

Ces affirmations d'Adorno sont logiques au sein même d'une conception totalement différente du rapport *sujet-objet* dans l'art. Pour Adorno, *l'art* même, quand il est « tenté d'anticiper une société globale non-existante »..., porte la marque de la *non-existence du sujet.* »[95] (C'est nous qui soulignons). Et même là où il admet, sous certaines réserves, l'accès du sujet dans l'art, il ne l'admet pas dans sa totalité expressive-émotionnelle et existentielle, ni comme élément de la communication, mais exclusivement en tant que facteur du travail. Le sujet individuel n'est pour lui plus guère qu'une « valeur limite », qu'un « élément minimal dont l'œuvre a besoin pour se cristalliser ».[96] Adorno ne considère par conséquent le *sujet* que comme une instance de passage et de cristallisation inconsciente du social. « Le travail de l'œuvre d'art » dit-il, est « social à travers l'individu, sans que celui-ci ait par là conscience de la société ».[97] Sans vouloir exclure complètement le sujet, Adorno nous met donc constamment en garde contre la tentation de la *surestimation du facteur subjectif* – reproche fait, entre autres, à Ernst Bloch –, en insistant sur l'état de fait d'une « réciprocité du sujet et de l'objet dans l'œuvre qui ne peut être une identité, mais qui se maintient dans un équilibre

[93] *Cf.*Adorno, *op. cit.*,p. 224.
[94] *Cf.*Adorno. *op. cit.*. p.224
[95] Cf Adorno.*op. cit.*.p.224.
[96] Adorno, *op. cit.*., p.223.
[97] Adorno, *op. cit.*., p. 223 (note 76).

précaire ».[98] Le processus subjectif de production est indifférent, dit-il, « selon son aspect privé »[99], et il souligne au contraire l'importance du côté *objectif*, dans le processus de création artistique qui est, pour lui, la condition préalable pour que se réalise la « légalité immanente » de l'œuvre. Bien entendu, Adorno se garde de prétendre que l'œuvre faisant partie d'un processus historico-social ainsi déterminé et orienté pourrait « se passer » complètement de l'âme créatrice de l'artiste, mais il est évident que sa *sociologie de l'art et de la musique* tend à considérer l'artiste uniquement sous son aspect d'outil, « d'outil prolongé, d'outil du passage de la potentialité à l'actualité ». [100] De même Adorno exprime les plus fortes réserves à l'égard du concept de génie qu'il attaque presque comme une survivance romantique complètement dépassée ; en polémiquant au passage avec Alois Riegl[101] dont la notion de « vouloir de l'art » basée sur la théorie de la subjectivité créatrice est fustigée dans la *Théorie Esthétique (1970),* il affirme qu'il faudrait absolument rapporter le concept de génie « à son objectivité historico-philosophique », « si l'on ne veut pas simplement le liquider ».[102] Contestant la subjectivité comme seul critère de la qualité esthétique, Adorno a tendance à renverser radicalement la théorie du « vouloir d'art » d'*Alois Riegl* très appréciée par Ernst Bloch, en défendant le point de vue presque radicalement opposé, en prônant que les « œuvres (d'art) sont leur propre critère »... et « la règle qu'elles se posent elles-mêmes ».[103]

---

[98] Adorno,*op. cit..*, p. 222.
[99] Adorno,*op. cit..* p. 222.
[100] Adorno, *op. cit..*, p. 222.
[101] *Cf.*note 32.
[102] Adorno, *op. cit..*, p. 227.
[103] *Op. cit..*, p.226.

On voit donc qu'il y a là bien deux approches philosophiques et deux théories de la musique a priori incompatibles, mais complémentaires en un sens – celle d'Ernst Bloch, voulant sauvegarder absolument, contre vents et marées, la *subjectivité théurgique, romantique et utopique à* l'œuvre, dans le processus de création des grandes oeu-vres musicales - et celle d'Adorno minimisant explicite-ment et volontairement le facteur subjectif, au nom précisément d'une théorie matérialiste, marxiste et sociologique objectivante de la musique qui s'efforce à priori de mettre en évidence la présence et la monstration du *social*, dans les œuvres. La grandeur d'Ernst Bloch dans cette compétition, dans ce qu'un Paul Ricœur aurait appelé, probablement, ce *conflit d'interprétation,* me semble cependant consister dans le fait qu'il a réussi, plus que ses concurrents dans ce domaine précis, à décrire, dans un langage exceptionnel et très convaincant, ce qui est spécifiquement *humain* et *utopique,* dans le langage musical, en nous donnant des exemples d'illustration et d'interprétation vraiment inimitables, par la richesse et la densité de ce qui est dit, p.ex., dans son interprétation unique du *Fidelio* ou de *la 9e Symphonie* de Beethoven, à propos de « l'aura du vraiment et intensément humain », dans le langage musical beethovenien. -

Mais en voulant ainsi absolument séparer le concept de génie du sujet créateur et le sujet créateur de l'œuvre (parlant le langage de sa propre autonomie objective), Adorno ne « succombera-t-il pas à la séduction d'un *pan-sociologisme* qui englobe œuvres d'art et artistes, réduits au rang de simples exécuteurs-fonctionnaires »[104], comme le souligne à juste titre Mario Turchetti ?

[104] *Cf.* Mario Turchetti « Adorno, Philosophie de la musique et historicité »; in *Revue esthétique* – nouvelle série n°4, Toulouse, 1982, p.9.

En soulignant si radicalement la « divergence » du sujet et de l'objet, Adorno, peut, certes se réclamer, au moins partiellement, de l'anti-psychologisme de Kant et de celui de Fichte, pour conforter sa thèse de la non-convergence, de la non-identité de l'authentique dans l'art et de la « liberté du particulier émancipé »[105], mais Adorno, pourrait-on se questionner, ne se laisse-t-il pas quand même emporter un peu par sa propre radicalité, en affirmant que « l'individuation des œuvres d'art, médiatisée par la spontanéité, est en elles ce par quoi elles s'objectivisent »[106], et que, par conséquent, le « concept de génie » serait « faux parce que les œuvres ne sont pas des créations et les hommes des créateurs » ?[107]

La tare de l'esthétique du génie serait donc, selon Adorno, de « supprimer le moment de faire final, de la *technè,* dans les œuvres d'art, en faveur de leur primitivité absolue, quasiment de leur *natura naturans* »[108], donnant par là-même le jour à une « idéologie de l'œuvre d'art comme qc. d'organique et d'inconscient », une idéologie qui « s'élargirait ensuite en flot trouble de l'irrationalisme ».[109]Ce jugement exprime le grand doute d'Adorno qu'on puisse vraiment fonder une esthétique matérialiste sur la seule croyance en la substantialité de l'inspiration particulière sans tenir compte, dans la construction des œuvres, de la matérialité de l'étroite liaison *travail – imagination.* Ainsi Adorno renverse-t-il délibérément les bases théoriques de l'esthétisme du génie, celle de Kant, de Schelling, de Schopenhauer, de Riegl, de Worringer et d'Ernst Bloch, en diminuant au maximum la

[105] Adorno, *op. cit.*, p. 227.
[106] *Op. cit.*, p. 227.
[107] *Op. cit..*, p. 227.
[108] *Op. cit..*, p. 227
[109] *Op. cit..*, p. 227.

fonction du sujet créateur au profit du « primat croissant de la construction »[110].

Et ce glissement opéré par Adorno en faveur de la primauté du matériau, du travail substantiellement co-déterminé par celui-ci et de la technique – trouve son pendant dans une relativisation audacieuse de la fonction et du concept de *l'imagination* qu'Adorno définit, à un moment précis de sa *Théorie Esthétique,* « comme le *différentiel de la liberté au sein même de la détermination* »[111]. Dans une telle position, Ernst Bloch sut reconnaître une tendance manifeste vers la « Versachlichung », à savoir vers une « objectivation » voire un déterminisme non avoué du travail de l'artiste par la structure objective du matériau qui réduit trop l'impact de la créativité exceptionnelle de l'imagination projective (constructive) du sujet. (Adorno introduit aussi, dans le débat sur la dialectique sujet-objet dans l'esthétique, la théorie d'un « élément collectif » (historiquement et socialement déterminé) qui serait investi dans la totalité de l'œuvre au même degré que l'élément purement subjectif).

Sur la base du même différend théorique, Adorno oppose au concept blochien de la « transgression » celui de *l'intégration* objective de l'œuvre dans le monde moderne administré, à la réification des réalisations subjectives. « Aux interventions permanentes du moi, affirme Adorno, correspond une tendance à la *démission par impuissance,* conformément au principe mécanique séculaire de l'esprit bourgeois consistant à *réifier* les réalisations subjectives, à les transposer, pour ainsi dire, hors du sujet, et à ignorer de telles réalisations comme

[110] *Op. cit..*, p. 232.
[111] *Op. cit..*, p. 46.

garanties d'une objectivité décisive et invulnérable. »[112] (C'est nous qui soulignons).

Le fait qu'Ernst Bloch semble ignorer cette tendance manifeste vers *l'intégration* et la *neutralisation* des impulsions primitivement révolutionnaires de l'art dans le monde moderne, est apparemment une faiblesse de son esthétique, mais la confrontation des deux positions antagonistes révèle aussi que la précision avec laquelle Adorno analyse la *perte de l'aura* et les mécanismes d'intégration de l'œuvre d'art dans le monde moderne, à l'époque de sa reproductibilité technique (comme le souligne Walter Benjamin), amène celui-ci à formuler avant tout une esthétique de la *modernité* au détriment d'une esthétique englobant, avec la même précision, l'analyse des productions culturelles des siècles précédents, et de la période pré-capitaliste.

Ainsi Ernst Bloch semble vouloir retourner les accusations portées contre lui, dans ce sens, par W. Benjamin et T.W. Adorno en mettant l'accent sur l'insuffisance, voire l'inopérabilité de leur approche théorique (esthétique) respective pour le pré-moderne.

Lors d'un entretien enregistré en mars 1975, à Paris, fut posée à Bloch la question de savoir s'il ne pensait pas que la transformation de l'œuvre d'art en marchandise ainsi que les techniques d'intégration et de manipulation (caractérisant la société post-moderne) auraient déjà largement détruit l'efficacité utopique de l'œuvre d'art. Il répondit ainsi :

« La commercialisation est un terme qui a été créé à l'époque du capitalisme pour désigner la transformation

---

[112] Ces propos d'Ernst Bloch sont ici cités d'après l'entretien réalisé avec l'auteur, en mars 1975, à Paris, reproduit dans le volume *Gespräche mit Ernst Bloch,,* (éd. par Rainer Traub et Harald Wieser), Francfort, Suhrkamp, 1975, p. 221 à 228, p. 238 (Traduction de la citation de l'allemand par l'auteur.)

des hommes et de tous les êtres en marchandises ; mais *cum grano salis* il est aussi valable pour les périodes antérieures. Lorsqu'on parle de « commercialisation » de l'art il faut tenir compte du fait que la nature de l'art en tant que production et produit est très différente de celle de la marchandise produite de manière industrielle, sérielle. Car l'art reproductible ne constitue pas tout le champ de l'art. Certes, à d'autres époques, l'art avait aussi un aspect culinaire, un aspect de « consommation », par exemple, lorsque la musique de Haydn et de Mozart et des compositeurs italiens du XVIIe et du XVIIIe siècles était jouée comme « Tafelmusik », c'est-à-dire comme une musique accompagnatrice au milieu du dîner et des conversations. Mais avec cela on ne réalisait pas de plus-value, pas de profit. Il serait donc plus juste de parler dans le domaine de l'art, à cause de l'existence d'un grand nombre de différences par rapport à la production de marchandises, non pas de « commercialisation », mais « d'idéologisation » (de transformation en idéologie). Mais malgré cette idéologisation il existe dans les œuvres d'art une postmaturation (Nachreife) où l'intérêt de la classe dominante s'éclipse et où les symphonies de Haydn, de Mozart ou la musique de J.S. Bach n'est pas au service de la noblesse et de l'église, et où elle change de fonction. *Le Fidelio* - par exemple – n'a pas été écrit en vain, il aura beaucoup de successeurs. *Beethoven* est déjà avec sa propre personnalité l'exemple le plus illustre qu'il ne pourrait être musicien sans être citoyen révolutionnaire. La dédicace de la symphonie héroïque à Napoléon que Beethoven a supprimée au moment où celui-ci se fit couronner empereur, est une réaction typique qui caractérise l'esprit de Beethoven et qui fait doublement réfléchir. Car l'art est capable de déclencher en nous une émotion particulière (*Betroffenheit*), sans que nous sachions pourquoi et sans que nous sachions déjà précisément quelle sera son contenu[113].

Selon Ernst Bloch, aucun processus de réification, de commercialisation ou d'intégration de l'art dans le monde parfaitement administré du capitalisme moderne ne peut faire disparaître ou étouffer ce « concernement » (*Betroffenheit*), ce trouble émotif émis par les grandes œuvres d'art (et surtout les grandes créations de la musique) ; il est même le signe d'une résistance atemporelle quasi éternelle des grandes œuvres contre cette tentative de neutralisation de plus en plus imposée par la société moderne.

Mais un écart encore plus grand se creuse entre les conceptions d'Adorno et de Bloch lorsqu'on compare leurs prises de position respectives au sujet des concepts du « nouveau » et de « l'utopie ». Pour Adorno, « le nouveau est le désir du nouveau, à peine en lui »[114] ; et son pessimisme historique le conduit à mettre en doute l'espérance spéculative en un contenu nécessairement positif ou « utopique » du nouveau[115]. Et pour dissiper tout malentendu, il ajoute : « Ce qui se prend pour utopie demeure quelque chose de *négatif* contre ce qui existe et continue d'en dépendre ».[116]

Ce qui détermine cette affirmation d'Adorno, c'est sa conviction qu' « au centre des antinomies actuelles, il y a le fait que l'art *doive* et *veuille être utopie*, d'une manière…d'autant plus radicale que le réel rapport des fonctions *empêche davantage* l'utopie ; mais…, pour ne pas trahir *l'utopie* par l'apparence et la *consolation,* il n'a

[113] Adorno, *Op. cit.*., p. 50.
[114] *Ibid.*
[115] *Ibid.*
[116] *Ibid.*

pas le droit d'*être* utopie. Si l'utopie de l'art se réalisait, ce serait sa fin temporelle »[117].

C'est donc par le recours à la *prohibition de l'image biblique* et sa radicalisation extrême, sous la forme de sa sécularisation (allant jusqu'au refus catégorique de la fonction de consolation de la musique) qu'Adorno justifie sa position.

Or, Ernst Bloch affirme, au contraire, qu'il faudrait bien accorder à l'art, sans que cela l'amène à une « trahison quelconque » le droit d'être *anticipation de l'utopie* ; et la réalisation d'un contenu utopique, dans l'œuvre d'art, par anticipation, bien que limitée dans le temps, ne sanctionnerait absolument pas la fin de l'œuvre, la fin temporelle de l'art, comme le prétend Adorno. Adorno évoque, à l'appui de sa thèse, le jugement de Hegel qui aurait déjà reconnu que « cela est impliqué dans le concept même de l'art », mais qui, prisonnier de son « optimisme historique », aurait « *trahi l'utopie,* en construisant l'existant comme s'il était l'utopie, c'est-à-dire l'Idée absolue ».[118] Adorno reste cependant extrêmement ferme en ce qui concerne le *refus catégorique de l'utopie concrète*, du moins en tant que concept positif.

« L'art » dit-il, « pas plus que la théorie n'est en mesure de concrétiser l'utopie, même pas d'une manière négative ; l'art n'exprime l'inexprimable, l'utopie que par *l'absolue négativité de cette i*mage. En elle se rassemblent tous les stigmates du repoussant et du répugnant dans l'art contemporain. » Ce qui tient à cœur à Adorno, c'est cette conviction que « par un refus intransigeant de l'apparence de réconciliation, l'art maintient cette utopie au sein de l'*irréconcilié* » en tant que « conscience authentique d'une époque où la possibilité réelle de l'utopie (...) se conjugue

---

[117] Adorno, *Op. cit..*, p. 50.
[118] *Ibid.*

au paroxysme avec la possibilité de la catastrophe totale. »[119]

L'impact de l'utopie comme une possibilité de concrétisation (immanente à la création de l'œuvre) n'est cependant pas totalement nié par Adorno ; mais pour lui, il s'agit exclusivement d'une *utopie négative* portant les stigmates de la souffrance accumulée dans une époque et une société inhumaine, et qui, étant présente dans l'œuvre en tant que telle, n'a absolument rien à voir avec l'utopie positive de Bloch qu'Adorno bannit complètement du champ conceptuel.

Ce qu'Adorno exclut, est cependant explicitement admis par Ernst Bloch qui ne cesse d'affirmer la possibilité de l'anticipation de l'utopie positive dans l'œuvre d'art, de par la présence, dans les œuvres, d'un excédent sociologiquement et matériellement inexplicable, lié à la perception, d'un *non-encore-conscient* par l'artiste-créateur, et d'un transcendant utopique émergeant « par anticipation » dans la structure de l'œuvre. [120]

Linguistiquement et sémantiquement, nous pouvons donc distinguer, dans le terme « *Vorschein* » (anticipation), fréquemment utilisé par Ernst Bloch, deux éléments, deux racines : a) le « vor » - conjonction de la temporalité désignant un « antérieur » et b) le *« Schein »* : l'apparence. Dans la terminologie qu'Ernst Bloch a choisie pour sa philosophie et pour l'explication de sa théorie esthétique, le « vor » n'a pas le sens de la négativité, mais plutôt le sens de l'avenir, et, paradoxalement, simultanément, celui d'une antériorité spatio-temporelle par rapport à un Tout utopique, dans sa plénitude finale qui est, d'après Ernst Bloch, le but – non

---

[119] *Ibid.*

[120] *Cf.* Ernst Bloch, *Das Prinzip Hoffnung* (*Le Principe Espérance)*, tome III, Paris, Gallimard, 1991, p. 173 sq. (« Le franchissement et le monde le plus intensément qui soit : dans la musique »).

encore atteint d'un *être-autre en processualité.* Et « Schein » (apparence) n'est pas forcément définie par E. Bloch, comme la superficie expressive-formelle de l'œuvre camouflant la vérité, voire comme l'instance opposée à la vérité ou comme élément trompeur d'une réconciliation non souhaitée – et impossible - de l'essence de l'œuvre avec la réalité (négative), mais plutôt comme l'instance de positivité de la mise en forme anticipatrice de l'utopie se réalisant dans l'œuvre d'art.[121]

Une différence de vue et d'interprétation presque identique se révèle cependant lors de la comparaison exacte des définitions données par Adorno et par Ernst

---

[121] Dans un entretien avec Michael Gibson – diffusé dans une émission de la radiodiffusion canadienne, en 1976- Ernst Bloch affirme que la formulation de la philosophie de la musique doit beaucoup à l'analyse et à la connaissance des œuvres symphoniques de Gustav Mahler, chez qui, affirme-t-il, « la nostalgie en musique a trouvé son expression la plus parfaite dans la nouvelle musique ». Ce qui caractérise cette musique c'est qu'elle n'expose pas tout simplement un thème qui sera ensuite épuisé, varié et confronté, dans l'exécution, mais que le thème s'y forme progressivement. La musique de Mahler, se crée, naît en se jouant... Ce qui n'était pas encore là jusqu'à maintenant, tend vers un avenir, un *novum*, vers une musique d'une intériorité encore inconnue qui est en même temps, un hymne (sans raison et sans objet précis) saluant quelque chose de nouveau. » (Et là, Bloch cite la *Deuxième Symphonie* et la *Septième Symphonie* de Gustav Mahler ainsi que la seconde partie de la Huitième Symphonie, composée sur le texte du *Faust* de Goethe. Ici, dit-il, au sujet de cette musique quelque chose se manifeste en apportant un accomplissement de ce qui était auparavant dans l'obscurité. Et l'obscur lui-même devient lumière. La lumière dans l'obscur reste obscure, mais pas en tant que ténèbres mais en tant que silence, en tant que « silence sonnant » (« tönendes Schweigen ») s'exprimant sans sentimentalisme et avec une très grande émotivité dans cette musique. » (Cet interview est cité d'après le recueil d'entretiens avec Ernst Bloch « *Tagträume vom aufrechten Gang. Sechs Interviews mit Ernst Bloch* », présentation et annotation par Arno Münster, Francfort, Suhrkamp, 1977, p. 127-153, citation traduite par l'auteur et l'éditeur de ce volume, pages 140-141).

Bloch du concept du « nouveau ». Pour Adorno, le « nouveau » est réductible au « cryptogramme » et à « l'image de déclin » que l'art exprime dans sa pleine *négativité*.[122]

Une différence de vue et d'interprétation se révèle cependant lors de la comparaison exacte des définitions données par Adorno et par Ernst Bloch du concept du « nouveau ». Pour Adorno, le « nouveau » est réductible au « cryptogramme » et à « l'image de déclin » que l'art exprime dans sa pleine négativité.[123] Apparemment, cette définition adornienne se réfère explicitement au destin de l'œuvre d'art à l'époque de la modernisation, – la modernité avec ses excès dans la technologie, ses dysharmonies, sa massification, ses techniques sophistiquées de manipulation de la conscience réifiée, etc., avec sa commercialisation excessive de tout et son *intégration* de tout ce qui, primitivement, était, protestation contre la société. Chez Ernst Bloch, par contre, la réflexion philosophique sur le « nouveau » ne fait pas partie d'une telle vision du monde moderne et de ses tendances immanentes. Bloch ne fait pas la liaison – automatique et directe – du « nouveau » avec la « négativité » ; il associe plutôt, depuis ses premiers écrits, et notamment le *Principe Espérance*, le concept de « nouveau » aux catégories de « front », « avenir » et « aurore »[124], en attribuant à ce concept également un sens positif, à savoir, la qualité d'ouvrir – temporellement, historiquement – l'horizon de réalisation des potentialités utopiques non encore conscientes, non encore réalisées.[125]

---

[122] Adorno, *Théorie esthétique*, p.46.
[123] *Cf.* Ernst Bloch, *Le Principe Espérance*, tome I, Paris 1976, p. 236 sqq.
[124] *Cf. op. cit.*., p. 248
[125] *Cf.* Walter Benjamin, *Thèses sur la philosophie de l'histoire* (Über den Begriff der Geschichte », Thèse IX (évocation de « l'ange de l'histoire » qui ne voit qu'une seule catastrophe amoncelant débris sur

En affirmant, contre Adorno, et d'une certaine manière aussi contre le pessimisme historique de Schopenhauer et de Nietzsche, la possibilité réelle de l'irruption, dans l'histoire de l'humanité opprimée et aliénée, d'un élément *libérateur* nouveau, d'une « chance » réelle, certes difficile, mais concrète d'*émancipation,* Bloch surestime peut-être les capacités novatrices et salutaires du « nouveau », au détriment des aspects destructeurs et apocalyptiques impliqués dans ce concept, en détournant notre regard des échecs, des calvaires et des catastrophes historiques de l'humanité et en le fixant volontairement sur les images et les brefs moments historiques porteurs de potentialités utopiques positives. Cette façon de penser est apparemment l'émanation directe d'une vision *messianique* de l'histoire qu'Ernst Bloch défend toujours, avec un certain enthousiasme, presque au même degré que Walter Benjamin, mais en niant les conclusions pessimistes des *Thèses sur la Philosophie de l'histoire* de ce dernier – contre le pessimisme historique absolu de Schopenhauer, de Nietzsche et d'autres philosophes de l'époque moderne et contemporaine (y compris ceux représentatifs de *l'Ecole de Francfort).*

Même la confirmation, voire le dépassement, par l'histoire du XXe siècle, des pronostics les plus pessimistes sur l'évolution de l'humanité, même l'expérience infernale du fascisme hitlérien et du stalinisme, des camps d'extermination nazis et du génocide (systématiquement pratiqué par les nazis à l'égard des juifs) n'ont pu convaincre Ernst Bloch de la nécessité de réviser, après 1945, ses définitions euphoriques de l'utopie et du « nouveau » auxquelles Adorno a toujours voulu opposer une vision beaucoup plus

---

débris et les lui jetant devant ses pieds »), in : Walter Benjamin : *Œuvres II, Poésie et Révolution (*Essais), trad. de l'allemand par Maurice de Gandillac, Paris, Lettres nouvelles / Denoël, 1971, p. 279.

pessimiste et peut-être plus réaliste, en affirmant que le « nouveau » a toujours tendance à apparaître « comme une fin en soi » dans la mesure où il « se compromet sur le plan politique et pratique »[126], même là où il présente, au début de son apparition, sur le plan de l'histoire, toutes les caractéristiques d'une amélioration radicale (de l'état du monde).

Bloch n'oppose pas à ces affirmations très lucides d'Adorno un refus catégorique et aveugle de reconnaître l'ampleur et l'immanence permanente du mal – apte à être agrandi d'une manière gigantesque et infernale par les hommes qui font « l'histoire » - mais son *messianisme utopique* (qui n'exclut cependant pas l'hypothèse de l'utopie négative de l'arrivée et du triomphe temporaire de Satan ou d'un anti-messie transformant le monde dans un enfer de crimes et de sang) lui semble interdire de déclarer prématurément la mort de l'utopie et de renoncer à l'idée d'une rédemption finale du monde sous le signe d'une attente messianique sécularisée s'exprimant dans *l'espérance* bien réelle des hommes de la concrétisation de l'utopie – en dépit de tous les « détours » apocalyptiques et anti-utopiques – qui ont jusqu'à maintenant plus que défiguré le visage tourmenté et torturé de l'histoire de l'humanité. C'est ce qui le sépare, sur le plan théorique, non seulement d'Adorno mais aussi de Günther Anders.

Cette attente messianique apparaît dans la pensée blochienne sous de multiples formes en tant qu'affect d'attente lié à un « non-encore-conscient »[127] et aux *rêves diurnes*, au niveau de la psyché, en tant qu'immanence pré-utopique de l'étant comme catégorie de la potentialité et de la processualité[128], et en tant qu'*espérance*

---

[126] Adorno, *op. cit.*, p. 102.
[127] *Cf.* Ernst Bloch, *Le Principe Espérance*, tome I, Paris, 1976, pp. 142 sqq.
[128] *Cf. Op. cit.*, p. 374-375.

(anticipatrice) capable de réaliser le *rêve d'un monde meilleur*, au niveau de la philosophie de la praxis[129].

Nous nous sommes efforcés à démontrer dans quelle mesure cette catégorie-clef de la philosophie de la praxis et de l'ontologie utopique blochienne (l'attente messianique) s'impose aussi à l'anticipation de l'espérance utopique et d'un « principe utopie » (dans les grandes œuvres d'art), dans le domaine de l'esthétique.

Quoiqu'on puisse donc dire contre cette totalisation des concepts de l'espérance de l'utopie et de l'anticipation, dans le système de pensée blochien, (- et nous avons fait largement place à la critique, parfois même radicale, de ses conceptions –), cette « greffe » d'une vision du monde à la fois ouverte vers l'avenir et tournée vers la découverte de potentialités utopiques immanentes, vers les processus d'une dialectisation de potentialités créatrices non encore réalisées, sur le champ complexifié de l'esthétique et de l'histoire, ne nous semble pas être abusive ou bien une « invasion » d'un territoire hermétique par un concept et une dialectique de pensée qui lui seraient étrangers.

Elle n'est, vu sur le fond de la « ligne générale » de la philosophie blochienne, où le concept de « transgression » et « d'anticipation utopique » occupent toujours le devant de la scène, qu'une conséquence logique.

Rien n'illustre mieux cette pensée – qui mériterait d'être définie comme un « marxisme de l'imagination créatrice utopique » - que la perspective suivante soulignée par l'auteur du *Principe Espérance*, lors de son intervention intitulée « Marxisme et poésie » faite au « *Congrès antifasciste pour la Défense de la Culture* », organisé à Paris, en juin 1935, où Bloch a affirmé, entre autres : « (Ainsi) le marxisme qui a causé autant de mauvaise conscience à l'imagination, en même temps l'arme apte à remédier à l'imagination blessée. La

[129] *Cf. Op. cit.*., p. 367 sqq.

démystification des mensonges et la séparation de l'apparence d'une possible anticipation esthétique ne peuvent que renforcer et rendre de plus en plus essentielle une *poésie* qui se comprend elle-même comme force productrice. De même, le marxisme ne crée pas la disparité entre le monde et la liberté de l'intériorité, et la solitude de l'intériorité devant cette liberté, comme le décrit Sartre. Il veut au contraire émanciper naturellement le monde de l'intériorité, de leur aliénation, de leur réification respective. C'est vraiment réaliste, mais pas dans le sens d'une copie sans valeur. Au contraire, sa réalité se nomme : réalité plus (+) l'avenir (l'avenir contenu en elle-même). Elle apporte la preuve par sa propre transformation concrète qu'elle tient prêt : il y a encore une *plénitude de rêves non encore réalisés*, une plénitude de continus historiques et de *potentialités immenses de la nature* non encore apparus. Rarement, les maîtres en poésie ont-ils pu trouver une matière plus exquise que la nôtre, en *attente-latence (*permanente), avec toutes ses aventures – dans sa réalité[130].

[130] *Cf.* Ernst Bloch : *Literarische Aufsätze* (Essais littéraires), Francfort, Suhrkamp, 1965, p. 142-143.

DEUXIÈME PARTIE. ECOLOGIE

III. André Gorz, cofondateur de l'écologie politique et prophète d'une révolution verte

André Gorz a traversé la seconde moitié du XXe siècle en témoin lucide de ses mutations économiques et sociales. De tous les philosophes, essayistes sociologues et économistes critiques il est de loin celui qui a formulé les réponses les plus originelles aux grands défis de notre époque et de notre société en transformation permanente. A ce titre, il est non seulement un précurseur et penseur anticipant sur la révolution culturelle et la rupture qu'incarnait les événements de « Mai 68 », mais il est aussi et surtout celui qui, de tous ces penseurs critiques du capitalisme, ait le plus focalisé, avec ses analyses, essais et réflexions critiques, sur *l'écologie politique* ; ce qui a eu comme conséquences, entre autres, que le mouvement écologique actuel, celui des « Verts » ou des « Grünen » (comme on le dit en Allemagne), notamment dans sa composante « écologie politique », lui doit au moins autant, pour la définition de son socle théorique, qu'à René Dumont ou Edgar Morin. Or, la spécificité de la pensée d'André Gorz en tant que co-fondateur de *l'écologie politique* est, entre autres, que cette philosophie d'un *renouveau écologique et démocratique de nos sociétés de consommation* fait partie d'une réflexion globale ayant pour but *l'alternative socialiste et écologique au capitalisme*.

Dans ses tous premiers ouvrages *Stratégie ouvrière et néocapitalisme(*1964), *Le socialisme difficile* (1967) et *Réforme et Révolution* (1969), Gorz s'était encore positionné comme un penseur et stratège du mouvement ouvrier socialiste et syndicaliste qui, tout en critiquant certaines erreurs et inadaptations de la stratégie socialiste aux conditions et besoins réels de son époque, défendait avec acharnement et enthousiasme l'autonomie des syndicats et, certes, avec quelques réserves, *l'autogestion* ouvrière. Or, à partir de l'année 1971-1972 - et cela est sans nul doute le résultat de la rencontre de Gorz avec Ivan Illich et avec *l'écologie* (qui émerge, comme le mouvement féministe, des événements de mai 68)- , André épouse pour ainsi dire corps et âme la cause de l'écologie politique, en présentant des analyses critiques et des projets qui ont enrichi de manière considérable les débats et le corpus théorique du mouvement écologiste, sans cesser de contribuer aussi en même temps aux réflexions sur une alternative socialiste au capitalisme avancé.

Ecologie et politique (1974), ce premier grand succès en librairie (ce livre sera traduit en une vingtaine de langues), est l'attestation première et décisive de ce tournant spectaculaire ; car dans cet ouvrage, André Gorz se fait désormais le *porte-parole et avocat* passionné de la *sortie du nucléaire* (Gorz parle à ce propos, entre autres, du danger imminent de ce qu'il appelle « *l'electro-fascisme* »), il se fait l'avocat de l'exigence de la réduction drastique des émissions CO2 (pour éviter une *catastrophe climatique* qui, depuis, s'est en effet déjà partiellement produite)(là, Gorz était en effet un *visionnaire*, un *prophète* des perspectives sombres pour les premières décennies du XXIe siècle, en matière d'émission CO2 !), et il défend le premier l'idée de la substitution absolument nécessaire et, à son avis, inévitable, des énergies fossiles (du pétrole…) qui, selon les prévisions, seront complètement épuisées, d'ici 40 ans, par des *énergies alternatives* (p.ex., les éoliennes, etc.) Mais, dans ses prophéties, Gorz va apparemment encore beaucoup plus loin, en mettant en cause la logique même de notre société fondée sur le travail, en plaidant non seulement pour la décroissance (une revendication qui a été, depuis, reprise pas les nombreux mouvements « décroissants » qui sont nés, en France, dans le sillage de l'écologie politique), mais en plaidant aussi pour la réduction de la semaine du travail à 20 heures (!), pour la substitution progressive des voitures individuelles par des moyens de transport collectifs et pour la création d'un grand parc de bicyclettes dans tous les quartiers des grandes villes, - une revendication dont Bertrand Delanoë, le maire socialiste de Paris, s'est d'ailleurs inspirée lors de l'opération « vélo-lib » lancée sur Paris, il y a trois ans.

Bien sûr, d'autres propositions gorziennes – jugées trop radicales ou trop « utopiques » par certains – ont été l'objet de controverses : notamment sa proposition de la semaine de travail de 20 heures, celle de la *décroissance* et celle d'un *revenu d'existence* avec lesquelles Gorz anticipe évidemment sur une société future où le non-travail, la gestion des loisirs et du temps libre seront un facteur de plus en plus importants dont les gouvernements devraient tôt ou tard tenir compte.

1. Renouveau écologique et alternative écosocialiste

A ce propos, André Gorz a toujours souligné, par exemple dans la réédition de son livre *Ecologie et Politique,* en 1978, que le combat pour un renouveau écologique, démocratique et social n'est pas un combat en soi, mais seulement une étape, mais une étape importante sur le chemin de la réalisation du but utopique concret d'une *alternative à la fois écologique et socialiste* à la société existante dont la crise écologique coïncide, comme on le voit maintenant, avec une *crise économique, sociale et politique* sans précédent, qui, toujours selon

André Gorz, ne peut pas être résolue dans l'immanence du système, mais seulement par une *rupture révolutionnaire*, c'est-à-dire par la prise de conscience que seulement l'instauration d'un nouveau *mode de production écologique*, dans le cadre général d'une *reconstruction écologique et sociale de la société capitaliste*, puisse assurer la transformation de notre société de consommation – d'une société extrêmement *inégalitaire* fondée sur la concurrence, la croissance, le productivisme et l'appropriation privée du profit – en une *société solidaire* adéquate aux vrais besoins des hommes et des femmes, à savoir une société d'individus pouvant réellement déployer leur potentiel de créativité et de producteurs autogérant la production.

C'est en ces termes qu'André Gorz se fait, dès le début, c'est-à-dire dès la publication d' *Ecologie et Politique,* en 1975, l'avocat d'une *société écosocialiste,* à savoir, d'une véritable *révolution écologique et sociale* dont l'objectif premier sera de créer un nouveau rapport de l'homme à la nature, à l'environnement et à la sphère de la production.

Il est évident que dans l'esquisse de cette utopie d'une société autre, meilleure, au-delà de la société de consommation, du profit et du productivisme, Gorz ait été très influencé, à partir de l'année 1972-73, par Ivan Illich (d'origine croate né comme lui-même à Vienne et vivant au Mexique où Gorz lui a rendu visite, en 1974),- Illich, dont l'oeuvre majeure *La convivialité* est devenue rapidement une des principales références d'André Gorz et qui l'a aussi beaucoup influencé dans sa critique de l'école et de l'aliénation. Mais *l'Ecole de Francfort* et notamment Herbert Marcuse, comme auteur de *L'Homme unidimensionnel,* a exercé aussi une influence déterminante sur la pensée d'André Gorz, à partir des années 1967-1968.

2. Le refus du productivisme

Selon André Gorz, l'abandon du productivisme, la rupture avec le productivisme et l'orientation de la production industrielle vers la *décroissance* sont une nécessité absolue, déjà à cause du danger imminent d'une *catastrophe climatique*, comme conséquence des émissions de CO2. (Ce qui a été décidé dans ce domaine, par les grandes nations industrielles, récemment, à Varsovie, est *insuffisant* ; car, pour éviter la catastrophe climatique (qui concerne déjà durement et dramatiquement certaines régions du monde), il faudrait réduire ces émissions CO2 d'ici à l'an 2030 de 50 %, à l'échelle mondiale ; or, les Etats-Unis et la Chine, les plus grands pollueurs, refusent d'adhérer à cette logique d'urgence.)

3. Une écologie d'en bas contre une écologie d'en haut

Ce qui caractérise l'option écologico-politique d'André Gorz, c'est qu'elle est fondée essentiellement sur les perspectives d'une *écologie d'en bas* qui contraste beaucoup avec la vision technocratique des *réformes écologiques d'en haut,* c'est-à-dire la vision et les propositions des partisans du *développement durable.* Selon lui, des petites réformes écologiques (telles qu'elles sont maintenant envisagées ou mises en œuvre par le gouvernement) ne changement pas grand' chose ; elles ne visent qu'à intégrer une partie des revendications écologistes dans une politique de stabilisation du capitalisme. Gorz, lui, en revanche, en tant que partisan d'une *écologie d'en bas,* vise beaucoup plus loin ; il veut encourager tous ceux qui s'efforcent de construire, sur la base de revendications écologistes radicales, une *contre-force d'attaque politique et sociale* contre ce que Gorz appelle « l'éco-fascisme » et la régulation technocratique du capitalisme tenant compte de certaines revendications écologistes. Il ne cesse de souligner que l'abandon du productivisme, que la sortie souhaitée du *productivisme* n'est pas possible dans le cadre du maintien du mode de production actuel ; elle n'est possible que par le passage – révolutionnaire – à un nouveau *mode de production écologique et socialiste*, dans le cadre d'une *économie sociale* qui substituera *l'économie du marché* aujourd'hui mondialisée. Seulement par cette mutation, par cette transformation qualitative, les effets négatifs d'une baisse généralisée du niveau de production, comme le chômage ou la stagnation pourraient être évités.

4. Adieux au prolétariat ?

Contrairement à ceux qui préconisent la rupture révolutionnaire par la violence, Gorz mise sur un processus de transformation plutôt lent et progressif, étant convaincu que cette transformation qualitative de notre société a en réalité déjà commencé. C'est cela, le secret de son « réformisme révolutionnaire », avec lequel il se positionne exactement à mi-chemin entre le *socialisme réformateur de la social-démocratie* dont il critique la « realpolitik », et la gauche révolutionnaire, c'est-à-dire l'extrême gauche dont il critique l'impatience révolutionnaire et un certain archaïsme, à savoir le maintien du *mythe de la « révolution au grand soir »* (nous ne sommes plus ni en 1905 ni en 1917 !) et au *mythe du prolétariat* comme unique et principal sujet de la transformation sociale, conformément à la doctrine de Karl Marx. Dans son livre *Adieux au prolétariat ?* (Galilée, 1980), Gorz a critiqué ce manque de réalisme dans de larges secteurs de la gauche française, en mettant en évidence, statistiques empiriques sociologiques à l'appui, comment les changements structurels du capitalisme avancé ont aussi transformé le statut du prolétariat et la conscience ouvrière, à tel point qu'il serait erroné de se tenir dorénavant au mythe d'un *prolétariat surexploité et révolutionnaire*, comme Marx l'avait décrit et défini dans *Le Capital* ; car cela ne correspond plus du tout à la situation réelle des travailleurs industriels dans la grande industrie d'aujourd'hui, entre autres, aussi, parce qu'entre temps *l'automatisation* et la *robotisation*, le *toyotisme* et d'autres modernisations de la production dans le capitalisme avancé ont diminué le poids sociologique de la classe ouvrière et parce que ces travailleurs industriels *n'ont plus la conscience révolutionnaire des prolétaires* du XIXe siècle, car ils sont non seulement encadrés par des syndicats bureaucratisés habitués à négocier des augmentations de salaire avec le patronat et le gouvernement mais aussi dans leur conscience affectés par les valeurs de la société de consommation et celles de la petite bourgeoisie. Seule si la gauche, dans ses diverses composantes, se congédie de ce mythe, c'est la conclusion que tire Gorz, seul si elle tire radicalement et définitivement les conséquences politiques inévitables des transformations économiques et sociales intervenues pendant les dernières décennies, elle sera en mesure de définir de nouveau une stratégie politique claire et convaincante qui lui permettra de gouverner de nouveau le pays et de bien conduire les réformes nécessaires, dans l'esprit du progrès, de la justice et de la transformation sociale.

IV. André Gorz et le renouveau de l'écologie politique*

** Texte abrévié et modifié d'une conférence prononcée le 17 novembre 2012 à l'IMEC (Abbaye d'Ardenne, Normandie), à l'occasion du 5e anniversaire de la mort d'André Gorz.*

La contribution d'André Gorz au renouveau de l'écologie politique est considérable. Si p.ex. son livre *Ecologie et politique (*1975/1978), traduit dans une quinzaine de langues, a été un tel succès ; s'il est devenu en si peu de temps un vrai bréviaire du mouvement *écologiste* en France et un « guide » indispensable, c'est non seulement parce que cet ouvrage devenu un « classique », nous alerte d'une manière si brillante, concise et en même temps très radicale sur le grand danger du « tout nucléaire » et les graves risques d'une nucléarisation de la France, telle qu'elle était envisagée par le lobby nucléaire et mise en œuvre par le gouvernement de l'époque, mais aussi parce qu'il oppose, en des termes extrêmement claires et militants, la vision d'une économie convertie à l'écologie, à savoir celle d'une *économie verte* et une économie alternative libérée des scories de la croissance, à la vision technocratique d'un *capitalisme vert* qui n'est (et à ce propos il nous apporte ici tous les arguments convaincants, à l'appui de cette thèse) qu'une fausse alternative au capitalisme avancé, à l'époque de la globalisation néo-libérale. Il nous avertit aussi en même temps à propos des dangers d'une médecine et d'un système hospitalier prêt à réduire le patient de plus en plus en épiphénomène de technologies médicales de plus en plus complexes, au mépris des exigences *éthiques* concernant la dignité du patient et le respect de sa personnalité et de la spécificité de ses souffrances. C'est, globalement, cette vision d'une *écologie réaliste humaine et responsable*, respectueuse de l'homme et de la nature, opposée à une écologie libérale (récupérée et récupérable par le capitalisme), cette vision qui déploie en même temps la vision d'une transition déjà engagée vers une civilisation *autre* qui fait incontestablement la force d'attraction irrésistible de ce livre qui est d'ailleurs toujours d'actualité, même si certaines formules utilisées par Gorz dans cet ouvrage nous paraissent aujourd'hui peut-être un peu trop radicales ou trop militantes (par exemple. le terme d'« electro-fascisme », etc.)

Un trait caractéristique de sa vision écologiste, à savoir celle d'une *révolution écologiste, verte,* est sans nul doute la radicalité avec laquelle il insiste sur l'autonomie et sur la nécessité d'une *subversion* des rapports des individus à leurs outils, en vue de créer un nouveau mode de production substituant celui du capitalisme moderne. « Des choix de société », affirme-t-il, toujours dans *Ecologie et Politique,* « n'ont cessé de nous être imposés sous couvert de choix techniques. S'il se sert des mêmes outils, le socialisme ne vaudra pas mieux que le capitalisme ; s'il perfectionne les pouvoirs de l'Etat sans favoriser en même temps l'autonomie des communautés et des personnes, il risque de basculer à son tour dans le technofascisme. L'expansion de cette *autonomie* est au centre de l'exigence écologiste. Elle suppose une subversion du rapport des individus à leurs outils, à leur consommation, à leur corps, à la nature. »[131] A ce propos, la synthèse qu'André Gorz a tenté d'opérer entre Marx et Illich, *écologisme* et *autogestion* est particulièrement pertinente ; car, à l'appui du grand nombre de preuves fournies par Gorz, ce dernier parvient en effet à faire la parfaite démonstration que « le choix écologiste est clairement incompatible avec la rationalité capitaliste. Il

[131] *Op. cit.*, p. 37.

est tout aussi incompatible avec le socialisme autoritaire, même en l'absence d'une planification centrale de toute l'économie, qui est le seul qui ait été instauré à ce jour. Le choix écologiste n'est pas incompatible, en revanche, avec le choix *socialiste libertaire ou autogestionnaire,* mais il ne se confond pas avec lui. Car il se situe à un autre niveau, plus fondamental : celui des présupposés matériels extra-économiques. Ces présupposés sont notamment d'ordre technologique, car la technique n'est pas neutre : elle reflète et détermine le rapport du producteur au produit, du travailleur au travail, de l'individu au groupe et à la société, de l'homme au mi-lieu ; elle est la matrice des rapports de pouvoir, des rapports sociaux de production et de la division hiérarchique des tâches. »[132] Par conséquent, l'inversion des outils apparaît selon André Gorz comme « une condition fondamentale au changement de société » ce qui signifierait la mise en place d'instruments et de méthodes de production alternatives « générateurs d'une autonomie économique accrue des collectivités locales et régionales ; non destructeurs des milieux de vie (et) compatibles avec le pouvoir que producteurs et consommateurs doivent exercer sur la production et les produits »[133].

C'est précisément la raison pour laquelle *l'exigence écologiste* est, dans sa spécificité, une dimension indispensable de la lutte anticapitaliste. Et celle-ci n'aurait pas de meilleur représentant, sur la scène politique – c'est du moins la ferme conviction de l'auteur d' *Ecologie et Politique* -, que la *gauche socialiste et autogestionnaire,* même si celle-ci, doit-il avouer en même temps, n'est pas encore là, ni dans sa pratique ni dans son programme. « Et c'est précisément pour cette raison que le mouvement

[132] *Op. cit.*, p. 15-26.
[133] *Op. cit.*, p. 27.

écologiste doit continuer d'affirmer sa spécificité et son autonomie. »[134]

On voit bien que de toutes les définitions possibles de l'écologie, Gorz privilégiait la moins scientifique, c'est-à-dire celle qui est à l'origine du mouvement écologiste, à savoir « le souci du milieu de vie en tant que déterminant de la qualité de la vie et de la qualité d'une civilisation. » Mais en même temps il oppose à «l'écologie profonde » à la Arne Naess et à son « pan-naturalisme » écologique (anti-humaniste), la vision d'une écologie autonome, étant au service des vrais besoins de l'homme, d'une écologie réellement et efficacement articulée au *social*, en rupture avec la philosophie traditionnelle du progrès technologique et clairement orientée vers le passage à un autre mode de production (écologique) et une autre civilisation (n'étant plus celle d'une société de consommation). Sur certains aspects, p.ex. le nucléaire, Gorz s'inscrit donc plus dans une filiation avec Günther Anders, l'auteur du livre *De l'obsolescence de l'homme,* que dans celle de Hans Jonas, même s'il préfère apparemment aux « cris de Cassandre » d'Anders, au sujet d'une future et imminente apocalypse nucléaire, débouchant sur un possible « globocide » le point de vue d'une mise-en-garde réaliste contre les dangers du nucléaire et la destruction de l'environnement en fonction des impératifs de maximation de profit du capitalisme. Il s'approche aussi, évidemment, notamment en ce qui concerne la critique d'une « société technicienne », des points de vue critiques de Jacques Ellul.

Je dirais aussi que les affirmations de Gorz datant de l'année 1975 conservent toute leur actualité, encore aujourd'hui, dans une situation où les socialistes sont de nouveau au pouvoir, mais où la politique faite par le gouvernement de Jean-Marc Ayrault et de François

---

[134] *Op. cit.*, p. 27.

Hollande n'est pas celle de la *gauche socialiste autogestionnaire*, mais plutôt celle d'une gauche sociale-libérale, qui, comme on l'a vu lors de l'accord de gouvernement négocié et signé avec les Verts d'*Europe Ecologie,* en automne 2011, n'a fait que le minimum absolu de concessions aux écologistes et à leurs fondamentaux, p. ex., dans le domaine du nucléaire, en échange, évidemment, de quelques postes de députés et de ministres.

Comme critique intransigeant du capitalisme, du consumérisme et d'un industrialisme de la croissance qui est aussi le credo de toutes les stratégies néo-keynésiennes sociales-démocrates libérales, pour maîtriser les *crises* du capitalisme déclenchées par le surdéveloppement des capacités de production, André Gorz défend aussi, volontairement, *l'utopie* de la possibilité réelle d'un ordre économico-social *autre, alternatif, plus juste, plus égalitaire, moins hiérarchisé et plus écologiste,* comportant, entre autres, la réduction de la durée hebdomadaire du travail à 24 heures (!) et un *revenu d'existence* pour tous. « La réduction du temps de travail pourra aller de pair avec l'expansion des activités autogérées et libres. » (...) » La production d'une variété illimitée de biens et services dans les ateliers et coopératives de voisinage assurera l'expansion de la sphère de la liberté et le dépérissement des rapports marchands ; l'expansion de la société civile et le dépérissement de l'Etat. »[135]

A l'avenir, il s'agirait donc « de travailler moins, mieux et autrement. Tout adulte aura droit à tout le nécessaire, qu'il occupe ou non un emploi. » A cette fin, les entreprises de chaque branche deviendront propriété sociale. Chaque année 100 000 personnes seraient incitées à s'établir dans les nouvelles communautés rurales où l'on

[135] *Op. cit.*, p. 52-53.

introduira une agriculture respectueuse de l'écosystème. La grande production sera miniaturisée en petites unités de production « de telle manière que chaque communauté de base produise au moins la moitié de ce qu'elle consomme. Parallèlement à cela, « chaque quartier, chaque ville, voire chaque grand immeuble, devait se doter de ses ateliers de création et de production libre où les gens, durant leurs loisirs, produiront selon leur désir, avec une gamme d'outils de plus en plus perfectionnés »[136].

En esquissant cette *utopie*, Gorz ne savait que trop bien quel type de réactions il allait susciter et qu'on le traiterait, à coup sûr, et non seulement à droite, d' « utopiste irréaliste » ! Mais en courant volontairement ce risque, il a en réalité bien réussi, comme c'était déjà le cas, quelques années plus tôt, avec René Dumont, le premier grand défenseur des idées *écosocialistes autogestionnaires*, en France, pendant la campagne présidentielle de l'année 1974 (et cela ne relève pas du tout du hasard que René Dumont soit cité dans *Ecologie et Politique* !), à promouvoir et accélérer le processus de genèse, en France, d'un mouvement écologiste radical qui, loin de se contenter de la simple contestation de la croissance, du productivisme et de la politique du « tout nucléaire », affirmait aussi la volonté de réaliser enfin *l'utopie concrète* d'une société *altermondialiste, écologiste, coopérativiste*, plus juste, plus égalitaire et plus respectueuse de la *nature et des écosystèmes*. Et c'est cette utopie-là, dirais-je, qui continue, encore aujourd'hui, dans ces temps vraiment difficiles, d'alimenter, fort heureusement, un courant critique écologiste, anticapitaliste, autogestionnaire radical qui, tout en étant minoritaire au sein d'un mouvement majoritairement plutôt d'orientation réformiste, refuse de sacrifier ses fondamentaux et qui ne cesse de faire pression sur le

---

[136] *Op. cit.*, p. 59.

gouvernement pour revendiquer la mise en place de la *conversion écologique* de l'économie et des mesures plus radicales pour le développement significatif des nouvelles énergies renouvelables, la fermeture des centrales nucléaires, la sortie programmée du nucléaire, l'arrêt de l'exploitation des gaz de schiste, l'arrêt de construction de EPR de Flamanville, etc.

Il faudrait pourtant comprendre que cette *utopie gorzienne* d'une société meilleure, autre, alternative (en tous ses aspects) à celle du capitalisme avancé, n'est rien d'autre que le résultat d'une réflexion longue et approfondie des contradictions et crises réelles du système économique et social existant, rien d'autre que la projection d'images de souhait d'une conscience anticipante critique et inventive vers l'avenir, dans l'espace de réalisation et de construction du futur qui, comme le soulignait déjà le philosophe Ernst Bloch, dans *Le Principe Espérance,* son ouvrage majeur, sa grande trilogie, est, par la force des choses, aussi le *chantier de l'utopie concrète.* Elle n'est que l'esquisse – par anticipation – d'une *alternative éco-socialiste* tout à fait possible à l'ordre existant, d'une alternative tout à fait rationnelle, devrait-on souligner, tenant compte des grandes mutations et transformations économico-sociales qui marquent le début du XXIe siècle.

Pour des raisons de temps je ne peux évoquer ici que brièvement les importantes contributions d'André Gorz à d'autres domaines, comme p.ex. à la *sociologie du travail*, où, sans être sociologue de formation, il a joué un rôle majeur et même de pionnier, entre autres, dans le domaine de l'étude de la division du travail (Paris, 1988, rééd., Gallimard, 2004*)* et du problème de la transition, à son avis inévitable, de nos sociétés vers une *société sans travail.* Ainsi, sa lecture du livre de Jeremy Rifkin *Vers une société sans travail* (1993), qui a sans nul doute été une grande source d'inspiration pour lui, dans son livre *Misère du présent, richesse du possible* (1997), est d'une profondeur et d'une érudition telle qu'il a ainsi acquis, en peu de temps, d'ailleurs non seulement en France et dans les pays anglo-saxons, mais aussi et surtout en *Allemagne*, une réputation telle qu'une grande vague de réception concernant son œuvre entière a ainsi été déclenchée outre-Rhin, par des sociologues, où le nombre de colloques consacrés à André Gorz ne cesse d'augmenter chaque année. (*Cf.* le grand colloque international sur André Gorz, organisé à Sarrebruck, en février 2013).

Inscrivant ses analyses économiques et sociologiques dans le cadre général d'une *critique sociale* radicale, pour une large part encore « marxiste », malgré les réserves exprimées par Gorz, notamment dans son livre *Adieux au prolétariat ?*(1980), contre certaines dogmatisations de la pensée de Marx par les courants orthodoxes ou ultragauches du néomarxisme contemporain (notamment les maoïstes), André Gorz a été particulièrement *prophétique*, dirais-je, dans ses analyses et prévisions critiques, à propos du phénomène de *crise* et notamment des graves *crises systémiques* qui ont marqué le développement du capitalisme, après la fin des « 30 glorieuses », et l'échec de toutes les stratégies keynésiennes ou néo-keynésiennes destinées à accroître la croissance et à réduire le chômage, dans les années 80 et 90 du siècle dernier. (Force est pourtant de constater que la critique d'Alain Lipietz à propos du livre de Gorz *Adieux au prolétariat* (1980), porte surtout sur la dichotomie, selon lui, un peu « caricaturale », entre sphère de l'autonomie et la sphère de l'hétéronomie).

Dans ce contexte précis, je voudrais aussi rappeler ce que André Gorz dont on ne peut qu'admirer le sens et le « flair » spécial pour toutes les grandes mutations et transformations en gestation de nos sociétés (au cours de ses longues réflexions sont abordées non seulement l'écologie politique, mais aussi la question de la fin d'une *société du travail*, celle d'une *économie distributive* et celle d'un *revenu d'existence)* avait affirmé, dans son livre *Les Chemins du Paradis* au sujet de la crise :

« Cette crise, en effet, par sa seule réalité, met en question la justesse des politiques passées, la primauté de l'économique,la légitimité des idéologies et des personnels politiques dominants, qu'ils soient de droite ou de gauche. Car la crise manifeste que le fonctionnement de l'économie n'est ni dominé ni même compris par ses dirigeants et ses agents. Nos sociétés ne sont pas maîtresses de leur devenir. Nous en vivions la dislocation tout en nous entendant promettre que, demain, nous retrouverons les espoirs, pourtant déçus entre-temps, d'il y a quinze ans. Toutes les idéologies dominantes se liguent pour nous empêcher de voir la crise comme *la fin de l'époque industrialiste* et le commencement possible d'une autre époque fondée sur une *rationalité, des valeurs, des rapports et une vie différents.* »[137]

En effet, la crise récente donne-t-elle une actualité particulière supplémentaire aux analyses prémonitoires de l'un des penseurs les plus originaux et les plus audacieux des dernières décennies du XXe siècle. Gorz, dans son tout dernier texte[138], rédigé quelques semaines seulement avant sa mort, en septembre 2007, n'avait-il pas prévu et annoncé la crise des *sub-primes* ayant atteint son apogée, en octobre-novembre 2008, avec la faillite en chaîne des grandes banques américaines et européennes, et avec tous ses effets désastreux pour l'économie capitaliste mondiale, comme la *récession,* l'augmentation sensible du *chômage*,

---

[137] André Gorz, *Les chemins du Paradis. (L'agonie du capital)*, Galilée, Paris, 1983, p. 21.

[138] *Cf.* André Gorz, « Le travail dans la sortie du capitalisme », in « *Ecorev'* » n° 28, novembre 2007, p. 9- 15.

de la *précarité* et de la *pauvreté* ? Gorz, n'avait-il pas été, déjà depuis les années 70 et 80 du dernier siècle, le prophète et le « visionnaire » de toutes ces crises, ruptures et mutations, en nous annonçant rien d'autre qu'une imminente et inévitable « rupture avec une civilisation où on ne produit rien de ce qu'on consomme et ne consomme rien de ce qu'on produit »[139] ? N'avait-il pas aussi été un des premiers penseurs critiques à réfléchir en profondeur sur tous les aspects de cette crise et à esquisser les vraies *alternatives* qui s'imposent pour en sortir pour la dépasser ? André Gorz n'a-t-il pas aussi osé poser, assez fréquemment, et avec une insistance étonnante, dans ce contexte précis, toute une série de questions qui « dérangent », comme par exemple la question de savoir : Allons-nous vers l'extinction du salariat, du règne de la marchandise de l'économie politique, comme le pensait Marx ? Ou plutôt vers un capitalisme « vert » se renforçant même comme système de domination, en dépit de quelques réformes écologistes, pour survivre à sa mort comme système économique ?

Evidemment, le paradoxe du succès tardif de Gorz et de la redécouverte spectaculaire de sa pensée, après sa mort, ne s'exprime-t-il pas, éventuellement, dans le fait qu'à une époque (la nôtre) où il est désormais devenu « de bon ton » de *dénigrer les utopies* et de tirer en dérision tous ces soi-disant « rêveurs irréalistes » d'un *monde autre, alternatif* qui avaient tellement eu le vent en poupe, en mai 68, on voit tout à coup renaître subitement, et à l'encontre de tous les pronostics pessimistes exprimés, *l'utopie gorzienne,* qu'on pourrait qualifier, certes, avec quelques réserves, d'*écosocialiste,* mais qui est de toute façon *écologique, radicale et démocratique*, comme si, dans les écrits critiques de cet émigré autrichien, grandi à l'ombre et Sartre et de Illich, on pourrait encore trouver la boussole

[139] *Op. cit.*, p. 11.

capable de nous guider, théoriquement et politiquement, dans ces temps difficiles, contre vents et marées, à travers cette tempête, afin que nous puissions enfin entrevoir la fin de l'orage et l'horizon d'un *ordre économico-social nouveau*, construit sur d'*autres valeurs* qui ne sont plus celles d'une société du profit, du *tout argent*, de la précarisation, du chômage, des discriminations et des inégalités sociales.

Evidemment, nul autre théoricien et penseur de gauche n'a articulé avec autant de lucidité et de radicalité la question de la nécessité d'une véritable *révolution écologique* s'imposant à nos sociétés, donc, d'une *conversion écologique de l'économie,* évidemment, à cause du réchauffement de la planète en fonction des émissions CO2, à cause de la destruction progressive des écosystèmes par une économie capitaliste orientée selon le seul critère du profit et absolument non-respectueuse de l'environnement et de la nature, et à cause de la nécessité absolue de substituer, à court ou à long terme, *l'énergie nucléaire* par des *énergies alternatives* non fossiles *renouvelables*, avec la question de la nécessité de redéfinir aussi les perspectives *des mutations sociales et politiques*, pour le XXIe siècle. Dans *Adieux au prolétariat* (1980), Gorz parle, entre autres, de « la fin du socialisme comme système », mais « non pas comme idée ». Etant plus que jamais convaincu que le *socialisme* demeure, malgré l'échec épatant des Etats « socialistes » bureaucratiques, dégénérés en Etats totalitaires, malgré tout , *la seule alternative possible et viable au capitalisme,* André Gorz ne cesse de souligner que (le socialisme) « ne pourra jamais être le résultat d'une connaissance "scientifiquement correcte" de la réalité », mais dépendra toujours d'interprétations « qui renvoient à la manière dont les acteurs se comprennent eux-mêmes : à leur subjectivité, à leur imaginaire social, à leurs attentes culturelles, à leurs aspirations à une vie différente. »[140] C'est une autre façon de dire qu'aujourd'hui, c'est-à-dire cent cinquante ans après la première publication du *Capital* de Karl Marx, que le « socialisme scientifique », tel qu'il avait été préconisé par les pères-fondateurs du marxisme (Marx, Engels) a perdu tout sens ; mais non pas *le socialisme en soi ;* car, ce qui est mort, affirme Gorz, dans son livre *Capitalisme, Socialisme, Ecologie* (Galilée, 1991), c'est le socialisme se comprenant comme un *système* tendant à une totale *rationalisation scientifique.* Par cette prétention, il s'est coupé de tout ancrage dans l'expérience vécue ainsi que de l'aspiration des individus à *l'émancipation* et à *l'autonomie*. Mais le *socialisme* subsistera comme mouvement ou comme horizon historique pour autant que, conformément à sa signification originelle, il se comprend comme *aspiration à achever l'émancipation des individus* dont la révolution bourgeoise a marqué le commencement et qui reste à réaliser dans les domaines dans lesquels le capitalisme soumet les hommes et les femmes aux contraintes systémiques, aux rapports de domination et aux aliénations inhérentes au règne de la marchandise[141]. A ce propos, la force irrésistible des argumentations respectives d'André Gorz consiste évidemment non seulement dans le fait d'avoir maintenu et défendu cet *idéal socialiste,* contre vents et marées, à une époque où de nombreux socialistes se rapprochaient de plus en plus des positions *sociales-libérales*, en oubliant ce qui apparaît sous la plume d'André Gorz comme le vrai cœur, la *vraie substance du socialisme* (la construction d'une société plus juste, libérée de l'aliénation, de l'exploitation et de la domination du Capital), mais aussi et surtout dans sa faculté

[140] André Gorz, *Capitalisme, Socialisme, Ecologie. (Désorientations, Orientations)*, Galilée, Paris, 1991, p. 99-100.
[141] *Op. cit.*, p. 100-101.

extraordinaire de poser de nouveau les questions « dérangeantes » qui s'imposent, par exemple, à propos des grandes « désorientations » qu'a déclenchées, à gauche, la chute du mur de Berlin et l'implosion du système communiste soviétique.

Permettez-moi de citer encore un passage du livre de Gorz déjà cité :

« Les systèmes dits du « socialisme réel » se sont effondrés ; la guerre froide est finie ; l'Occident a remporté la victoire. Sur qui ? Sur quoi ? Sa victoire est-elle une victoire de la démocratie ? Une victoire du capitalisme ? Pouvons-nous avoir confiance désormais en l'avenir et nous dire : notre système social s'est révélé solide et durable, il offre à l'humanité l'espoir d'une solution à ses problèmes présents et futurs, il peut servir de modèle ? Sa supériorité, relative et partielle, ne tiendrait-elle pas plutôt à son *instabilité,* à sa diversité, à son aptitude à se développer, à se transformer, à se remettre en question, qui à leur tour tiennent à ses multiples contradictions internes, à sa multiformité complexe, comparable à celle d'un écosystème, qui fait éclater continuellement de nouveaux confins entre forces partiellement autonomisées et qui ne se laissent ni contrôler ni mettre une fois pour toutes au service d'un ordre stable ? »[142]

En posant ces questions dérangeantes, Gorz a non seulement voulu subvertir le triomphalisme hypocrite des libéraux-conservateurs, toujours prêts à exploiter à fond le déclin du communisme et des Etats socialistes bureaucratiques autoritaires, pour imposer, à l'échelle mondiale, le système « démocratique » parlementaire néo-libéral fondé sur la liberté illimitée de l'individu, à savoir celle de l'entrepreneur et la propriété privée (avec tout que cela implique comme abus et injustices !), mais il a en

[142] *Op. cit.*, p. 17-18.

même temps aussi mis en évidence la grande fragilité du système capitaliste « démocratique » contemporain, déstabilisé en permanence par ses contradictions internes, par les effets pervers de la *croissance* (qui a d'ailleurs depuis longtemps atteint ses limites), par la crise financière (bancaire) et une crise économico-sociale déclenchée par la surproduction, la récession, l'augmentation du chômage et de la précarité. En soulignant que la crise *écologique,* la précarité, le *productivisme* et la fin de la *société du travail* sont les véritables signes caractéristiques de cette crise du capitalisme, Gorz, s'appuyant aussi sur les travaux respectifs de Jeremy Rifkin, renforce encore pour ainsi dire la critique des sociétés de consommation formulée par Herbert Marcuse, dans *L'Homme unidimensionnel*, en mettant en évidence, comme l'a si justement souligné Michel Contat, que « la question devient alors de savoir si l'opulence de la société néo-capitaliste permet de satisfaire les besoins au point d'émousser la combativité des travailleurs et de mettre le mouvement ouvrier en crise. Gorz s'attache à montrer comment le système, pour se développer, crée artificiellement, notamment par l'omniprésente *publicité*, des besoins de consommation qui, faute d'être satisfaits, deviennent aussi obsédants que l'ancienne pauvreté. Ce sont dans ces *nouveaux besoins* que s'enracine aussi une nouvelle nécessité du socialisme, appelant à des stratégies de lutte qui pourront opposer au capitalisme des solutions positives, partout où l'exigence des hommes est en conflit avec celle du profit. »[143]

[143] André Gorz. *Vers la société libérée. Commentaire de Michel Contat*, Textuel, Paris, 2009, p. 21-22.

L'autogestion dont Gorz s'était déjà fait l'avocat, dans son livre *Le socialisme difficile* (1967)[144], est de toute évidence un des éléments les plus importants dans cette stratégie théorique gorzienne ayant pour objectif le dépassement créateur de *l'aliénation par le travail* et d'un *mode de production* transformant le travailleur en annexe réifié (chosifié) de la machine, en dépit des réserves exprimées en même temps à l'égard du système d'autogestion en ex-Yougoslavie. Sa rencontre avec Ivan Illich, en 1971, avait renforcé encore davantage sa conviction que le combat pour une *alternative écologiste démocratique* et émancipatoire à la société de consommation existante doit impérativement aller de pair avec l'effort de construire une société autre, égalitaire, solidaire et fraternelle, fondée sur *l'autonomie*, garantissant à chacun de déployer au maximum ses facultés créatrices. L'objectif premier de cette *révolution écologique et sociale* demeure cependant, pour Gorz, l'instauration d'un nouveau rapport de *l'Homme à la Nature,* à *l'environnement* et à la *production.* Et elle doit s'appuyer aussi sur une nouvelle *éthique écologique* fondée sur des valeurs nouvelles (protection et la nature et de l'environnement, anti-productivisme, *décroissance*, justice sociale et solidarité humaine...). En plaidant clairement pour la *décroissance*, Gorz a en effet beaucoup stimulé la genèse et le développement, notamment en France, de tout un courant significatif du mouvement écologiste, à savoir du courant des « décroissants » qui, avec Paul Ariès et Serge Latouche en tête, continue de militer pour une alternative anti-productiviste, altermondialiste et décroissante à l'économie libérale du marché.

---

[144] *Cf.* André Gorz, *Le socialisme difficile*, Le Seuil, Paris, 1967 ; *Cf.* aussi : Arno Münster, *André Gorz ou le socialisme difficile*, Nouvelles Editions Lignes, Paris, 2008.

En redéfinissant l'écologie, dans sons entretien avec Marc Robert, comme une *éthique de la libération,* Gorz était en effet parvenu, dans ses tout derniers écrits, à la conviction que la sortie du capitalisme qui n'est malheureusement plus l'objectif de la social-démocratie, avait en réalité déjà commencé ; car « par son développement même le capitalisme a atteint une limite tant interne qu'ex-terne qu'il est incapable de dépasser et qui en fait un système qui survit par subverties à la crise de ses catégories fondamentales : le travail, la valeur, le capital »[145]. « Avec le recyclage bancaire des plus-values fictives, l'économie réelle devient », affirmait-il, encore en 2007, quelques semaines avant sa mort, « un appendice des bulles spéculatives entretenues pas l'industrie financière. Jusqu'au moment inévitable où les bulles éclatent, entraînant les banques dans des faillites en chaîne, menaçant le système mondial de crédit d'effondrement, et l'économie réelle d'une dépression sévère et prolongée (…) »[146]. Depuis, cette vision a été confirmée par la situation économique actuelle qui est celle d'une crise grave permanente, de toute façon de longue durée, tout à fait comparable, avec ses effets pervers, à celle de 1929, à la nuance près qu'à la différence de la crise de 1929, ce capitalisme toujours vivant et toujours un peu moribond est devenu un *capitalisme financier de la spéculation bancaire* et aussi un *capitalisme cognitif,* fondé sur une économie de l'immatériel. Etant convaincu que le déclin de ce système est inévitable, malgré tous les grands efforts déployés par les Etats et les gouvernements des nations riches de l'hémisphère Nord de remédier à ses défauts et aux

---

[145] *Cf. Ecorev* (*Revue de critique de l'écologie politique*) n° 28, novembre 2007, p. 83-87.)

[146] André Gorz, « Le travail dans la sortie du capitalisme », in *Ecorev* n° 28, novembre 2007, p.10).

dangers de son effondrement, Gorz ne cesse de souligner que la seule alternative à cela ne peut être que la naissance et l'émergence d'une *économie autre,* « où la création des richesses n'est plus soumise aux critères de rentabilité ». Autrement dit, dans une économie *écologique, sociale et solidaire,* où tout serait produit dans des *ateliers coopératifs ou communaux,* et « ou les activités de production pourront être combinées avec l'apprentissage et l'enseignement, avec l'expérimentation et la recherche, avec la création de nouveaux goûts, parfums et matériaux, avec l'invention de nouvelles formes de technique d'agriculture, de construction, de médecine, etc. ». Ces « ateliers communaux d'autoproduction », affirme-t-il, dans ce même article (qui devait rester son dernier), « seront interconnectés, à l'échelle du globe, et pourront échanger et mettre en commun leurs expériences, inventions, idées, découvertes. Le travail sera producteur de culture, l'autoproduction d'un mode d'épanouissement »[147].

Ce ne sont pas là des rêveries abstraites et utopiques d'un visionnaire et promeneur solitaire, mais des propositions concrètes qui ont d'ailleurs déjà été partiellement réalisées et mises en œuvre, par exemple sous la forme de la création des « Fablab », aux Etats-Unis. Evidemment, « ces ateliers composés de machines-outils pilotés par ordinateur, pouvant fabriquer à la demande des biens de nature variée et singulière, sont une alternative à l'usine, productrice de biens uniformes de masse »[148]. Leur généralisation (évidemment, nous en sommes encore très loin de ce but, aujourd'hui) pourrait un jour bien inaugurer, dirais-je, dans le meilleur des cas de figure, une révolution du mode de production

[147] Gorz, *op. cit..*, p.

[148] *Cf.* . J. Gleize, « Le potentiel subversif des Fablab comme mode de production », in *Ecorev* n° 37, août 2011, p. 78-81.)

capitaliste traditionnel et son remplacement opéré par la base, spontanément, par un mode de production autonome, autogestionnaire, décentralisé et démocratique. C'est, et c'est incontestable, à vrai dire, la vraie alternative, la vraie « utopie concrète » (le vieux Gorz aimait ce terme qu'il avait emprunté au philosophe allemand Ernst Bloch, l'auteur du *Principe Espérance*) à l'industrialisme moderne, au système de la fabrique et du travail à la chaîne et à un mode de production fordiste, post-fordiste ou toyotiste devenu le cauchemar de la surproduction de plus en plus irrationnelle de marchandises et de biens, de la division du travail à l'excès, de la hiérarchisation des rapports humains au travail, et de l'aliénation des travailleurs.

Incontestablement, André Gorz, avec ses propositions audacieuses et « utopiques » concernant l'avenir de nos sociétés, a-t-il non seulement donné une contribution extrêmement importante au *renouveau de l'écologie politique*, en France et en Europe, dans les années 80 et 90 du siècle dernier, mais il a aussi « dérangé » non seulement la droite conservatrice s'accrochant d'une manière complètement irréaliste au mythe du « tout nucléaire » et d'une France puisant 80 % de son énergie électrique des centrales nucléaires, mais aussi à gauche, non seulement à cause de sa critique sévère du pragmatisme technocratique de la gauche réformiste, à laquelle Gorz avait opposé, déjà dans son livre *Réforme et Révolution (1969)*, la stratégie beaucoup plus radicale d'un *réformisme révolutionnaire*[149], en optant pour des *réformes radicales* mettant en cause la logique même du système capitaliste, mais aussi à cause de sa critique lucide de certains « archaïsmes » et *dogmatismes* de la gauche anti-capitaliste que Gorz a évidemment mis en cause, avec les thèses – assez controversées- exposées dans son livre

---

[149] *Cf.* André Gorz, *Réforme et Révolution*, Le Seuil, Paris, 1969.

Adieux au prolétariat?(1980)[150], et notamment avec son affirmation que « le prolétariat, formé à servir les méga-machines du capital, est incapable d' émancipation, ni individuelle, ni collective, si bien que l'émancipation ne peut avoir lieu qu'en dehors du travail lui-même ».Un constat tout à fait désillusionné et dur à « digérer » pour l'orthodoxie marxiste. *Adieux au prolétariat ?*, ce livre qui, s'il n'avait pas été écrit et publié par Gorz, en 1980, aurait été à coup sûr, j'en suis absolument convaincu, écrit par un autre, était-ce donc un « livre radical, caricatural, contestable »[151], pour la gauche (marxiste), comme l'a souligné, entre autres, Alain Lipietz? Evidemment, en mettant en cause la théorie marxiste classique de la *« révolution au grand soir »* (réalisée par le prolétariat organisé en « classe révolutionnaire », brisant ses chaînes par un acte de prise de conscience révolutionnaire et insurrectionnelle) et, simultanément, aussi celle du *prolétariat* comme principal *sujet* des transformations historico-sociales et de *l'émancipation* de l'humanité, selon les enseignements de Marx, Gorz n'avait-il pas touché le nerf sensible d'une certaine *gauche marxiste* dogmatique, incapable de se séparer de ses mythes et d'adapter sa théorie et sa stratégie politique aux réalités désenchantées de notre époque (c'est-à-dire aux effets de *l'automatisation*, de la *robotisation*, du *taylorisme* et du *toyotisme*, etc.) ? Mais la tempête théorique et politique qu'il a ainsi déclenchée était visiblement tout à fait, dirais-je, à la hauteur du *réveil salutaire* provoqué par les thèses *non-orthodoxes* et critiques de ce livre, *réveil* qui a évidemment eu comme effet positif de déclencher un processus irréversible de *prise de conscience réelle* des *mutations sociologiques* importantes qu'ont connues nos

---

150 Galilée, Paris, 1980.

151 Alain Lipietz, « Gorz ou la quête du sens », in *ECOREV* n° 28, novembre 2007, p. 103.

sociétés de consommation et notamment le *monde du travail,* pendant les trois dernières décennies, et qui confirment plutôt la thèse gorzienne que les *précaires,* à savoir la « *non-classe des néo-prolétaires post-industriels* », sont désormais devenus *potentiellement* le *nouveau sujet* des transformations révolutionnaires à venir. Selon Gorz, cette « non-classe » englobe « l'ensemble des surnuméraires de la production sociale que sont les chômeurs actuels ou virtuels, permanents, temporaires, totaux ou partiels. Elle est le produit de la décomposition de l'ancienne société, fondée sur le travail : sur la dignité, la valorisation, l'utilité sociale, le désir du travail. Elle s'étend à presque toutes les couches de la société »[152].

A rappeler aussi, à ce propos, qu' *Adieux au prolétariat* ? (N'oublions pas ce point d'interrogation !) ne signifie nullement, pour André Gorz, un « Adieu à Marx » ou un quelconque « Adieu au socialisme » (T. Negri) ! Car il appréciait, encore longtemps, après avoir publié ce livre très controversé, les « Grundrisse » de Marx, et « *l'écosocialisme* gorzien (*autogestionnaire*), ne peut être compris, je pense, que comme une tentative tout à fait sincère de Gorz de faire une synthèse vivante et tout à fait originelle des principales valeurs et principaux concepts de *l'écologie politique* et d'un *socialisme* à la fois humaniste et révolutionnaire, fondé sur *l'autonomie, l'auto-organsiation des producteurs*, *l'association* et la *fédération* de *petites unités de production* substituant, progressivement, les mégamachines industrielles, les marchés dominées par les « grandes surfaces » et la course effrénée vers le productivisme. On voit ici renaître, incontestablement, chez Gorz, et cela n'est pas du tout étonnant vu le tournant qui s'exprime dans ses tout derniers écrits, les contours d'un certain « proudhonisme »

---

[152] André Gorz, *Adieux au prolétariat* ?, Galilée, Paris, 1980, p. 61.

ou « néo-proudhonisme » sinon ceux d'un *socialisme libertaire à coloration écologique.* Mais cet écosocialisme, à maints égard fédératif et même « anarchisant », a aussi comme spécificité (et cela devrait aussi être souligné, dans ce contexte, je pense) de poser la question de la transformation radicale de la société a priori à partir du *vécu existentiel* de *l'individu* et non pas à partir du *collectif*, tout en étant conscient du fait que *l'émancipation sociale* est avant tout une affaire des individus (impliqués dans des processus de *travail* et d'*autoréalisation des facultés créatrices de chacun)* avant qu'elle ne puisse devenir aussi l' affaire d'un collectif ou celle d'une classe sociale. En ce sens précis, Gorz s'est imposé comme un penseur radical, ferme dans la défense de ses principes, qui, avec sa lucidité, ses capacités de prévoyance et son intransigeance, est devenu vraiment (je pense qu'on ne peut pas le dire autrement) le symbole même d'un esprit critique de *résistance intellectuelle et politique* dont les messages critiques transmis par ses livres ne peuvent que conforter tous ceux qui continuent malgré tout à lutter et à combattre, du même côté de la barricade que lui, pour les mêmes objectifs émancipatoires. Il est comme un phare qui ne cesse d'émettre des signaux qui sont à la fois des signaux d'alerte et des signaux d'encouragement.

TROISIEME PARTIE. ECOLOGIE SOCIALISTE

V. Quelles perspectives politiques et morales pour l'écosocialisme, aujourd'hui ?*

Malgré toutes les difficultés qu'a rencontré le *socialisme*, comme mouvement politique contemporain, exprimant les espoirs et aspirations des sous-privilégiés, avec la transformation généralisée des partis socialistes européens, pendant les vingt dernières années, en partis porteurs des idées du social-libéralisme, le courant dit « écosocialiste », né à l'intersection du socialisme et de l'écologie politique, animé en France, principalement par René Dumont et André Gorz[153], puis par Michael Löwy[154] (co-auteur, avec Joël Kovel, du *Manifeste Ecosocialiste*, publié en 2001), n'a cessé de se manifester, ces dernières années, contre vents et marées, malgré le refus des dirigeants socialistes d'accepter ces idées et en dépit de la politique menée par le néo-libéraux conservateurs, un peu partout, en Europe et dans le monde, en imposant une politique de *l'austérité* renforçant le chômage, la *précarité, les exclusions et les injustices sociales* qui est allé jusqu'à étrangler, économiquement et socialement, au

* L'argumentation de ce chapitre est fortement inspirée par la conférence portant le même intitulé que l'auteur a prononcée en juillet 2011 au Colloque International « Les socialismes » organisé par Juliette Grange et Pierre Musso au Château de Cérisy-la-Salle. (Son texte a été profondément remanié et réécrit à Nice, en novembre 2012.)

153 *Cf.* André Gorz, *Capitalisme, Socialisme, Ecologie*, Galilée, Paris, 1991 ;du même auteur, *Ecologica*, Paris, Galilée, 2009.

154 *Cf.* Michael Löwy, *Ecologie et socialisme*, Sylllepse, Paris, 2005 ; du même auteur, « Ecosocialisme et planification démocratique », in « *Ecologie et Politique* » (revue), n° 37, 2008, p. 165-180.

nom de la finance et du remboursement de la dette des Etats et à la demande explicite de la troïka, des pays entiers, comme par exemple la Grèce….

C'est sans nul doute le résultat de l'attractivité accrue de ce courant se définissant à la fois comme un courant de pensée et un courant d'action politique qui, malgré ses progrès réalisés pendant les dernières années, demeure toujours un *courant minoritaire*, au sein même d'un mouvement écologiste divisé en plusieurs branches, à savoir (1) un courant d' « écologie scientifique »(Alain Lipietz), (1) un courant « éco-centriste » voire écolo-libertaire-libérale (« Europe Ecologie »/Daniel Cohn-Bendit), (3) ce que Philippe Corcuff appelle un courant d'écologie politique de la « pluralité et de la fragilité », et (4) un courant écologique « fondamentaliste », (5) un courant écologiste « altermondialiste », féministe et libertaire (renforcé par les transfuges du mouvement « Utopia ») et (6) un courant écologiste « mouvementiste » décidé d'articuler les luttes écologistes avec les combats du mouvement social. Face à ces courants, le courant dit *écosocialiste* s'affirmait donc, nécessairement, assez longtemps, comme un courant *minoritaire*, défiant les autres courants, à savoir comme une « tentative originale d'articuler les idées fondamentales du socialisme (marxiste) avec les acquis de la critique écologique. » (Michael Löwy).

Or, l'inscription récente de l'écosocialisme comme mouvement politique d'*émancipation* articulant les revendications fondamentales du socialisme avec le paradigme écologique dans le programme politique du *Parti de Gauche* et du *Front de Gauche* a fondamentalement changé la donne, en France, puisqu' ainsi l'écosocialisme a été pour ainsi dire « dé-ghettoïsé », en devenant tout à coup, suite au *tournant écologique* opéré par Jean-Luc Mélenchon et ses amis politiques, un courant et une stratégie politique pour l'avenir proche, précisément dans la perspective d'un rassemblement de toutes les forces écologistes et politiques progressistes revendiquant le droit légitime de devenir, par la mobilisation et par les élections, la force politique majeure, à gauche, avec la juste aspiration d'assumer aussi, si possible, des responsabilités gouvernementales. Les *Assises de l'écosocialisme* organisées le 1er décembre 2012, à Paris, ont été l'occasion et la tribune pour ainsi dire « idéale » pour exprimer publiquement cette nouvelle volonté politique, portée pour l' essentiel par un parti socialiste de gauche, étant en rupture avec la social-démocratie.

Notre propos est d'exposer les perspectives politiques de ce courant dont je souhaite qu'il se transformera rapidement, en un mouvement écosocialiste de grande ampleur, intervenant dans les grands débats politiques contemporains.

Avec ses propositions concrètes articulant les objectifs de la « révolution verte » avec les exigences politiques et morales du socialisme, l'écosocialisme, dans ses divers courants et composantes (encore très minoritaires) avait déjà pu se développer davantage, ces dernières années, en réussissant à diffuser ses idées non seulement à l'échelle nationale mais aussi à l'échelle mondiale, en pénétrant de plus en plus dans une opinion publique de plus en plus sensibilisée pour les questions écologiques. Ce mouvement ascendant devait en effet sa dynamique non seulement à la popularité « provocante » de certaines propositions écologistes, comme p.ex. celle préconisant la « décroissance » ou celle revendiquant l'abandon du « productivisme », pour nos sociétés de consommation, mais aussi au manque d'imagination dont les leaders des grandes formations traditionnelles de la gauche faisaient preuve, pendant de longues années, en matière d'écologie, jusqu'au moment où il fallait rectifier le tir, face à une pression de plus en plus forte venant de l'extérieur et notamment des Verts. Evidemment, les échecs et revers électoraux subis par les partis socialistes et sociaux-démocrates, pendant la période 1990 à 2010, ont conditionné non seulement l'ascension « irrésistible » des Verts et d'« Europe Ecologie », mais aussi le développement de courants *écologistes et écosocialistes plus radicaux,* simultanément inspirés du marxisme, du socialisme ou d'une écologie sociale libertaire, comme p.ex. le courant *écosocialiste* de David Pepper, en Angleterre[155] ou celui de Bookchin, aux Etats-Unis. Ce courant s'est aussi frayé son chemin, lentement, mais progressivement, en Allemagne (déjà, depuis les années 80, avec Rudolf Bahro[156]) et aux Etats-Unis, avec Joël Kovel.

Finalement, on ne peut que se féliciter du fait qu'à une époque où la globalisation capitaliste néo-libérale a visiblement atteint ses sommets et ses limites, l'hégémonie exercée par la mondialisation commence à se fissurer et à atteindre les limites, la prise de conscience que nous sommes maintenant entrés, d'une manière irréversible, dans l'ère de *l'urgence écologique* (absolue) ait fait des progrès substantiels, en se manifestant, pratiquement, dans la conscience commune, comme une donnée et un fait irréfutable. Oui, c'est un fait plus ou moins incontestable qu'au fil des dernières années une « conscience écologiste » s'est de plus en plus imposée et installée, dans de larges secteurs de notre société, et que celle-ci dépasse même de loin les structures organisationnelles proprement dites des organisations écologistes traditionnelles.

---

[155] *Cf.* David Pepper, *Ecosocialism. From deep ecology to social justice*, Londres, 1993.

[156] *Cf.* Rudolf Bahro, *Building the Green Movement,* Londres, Heretic Books, 1986.

C'est principalement, la prise de conscience de la nécessité absolue d'un changement, d'une modification radicale du rapport de l'Homme à la Nature, de la nécessité de mesures draconiennes et efficaces destinées à réduire la pollution et l'émission des gaz à effets de serre, de la nécessité de substitution des énergies fossiles par de nouvelles énergies renouvelables (non polluantes), de la nécessité de la protection de l'environnement, de la nécessité d'organiser, à long terme, l'économie *autrement*, c'est-à-dire selon des critères opposés au *productivisme* et aux principes capitalistes d'optimisation du *profit* et d'accumulation du Capital. Dans la perspective écosocialiste, ces revendications écologiques s'enchevêtrent avec l'exigence d'une transformation de la société en général, avec la revendication de réduire l'écart entre les riches et les pauvres, les privilégiés et les sous-privilégiés, avec, comme finalité et but, la construction d'une *société plus égalitaire, substituant à long terme celle fondée sur l'égoïsme, l'argent et la propriété privée. Il* est évident que cette *transformation écologique et sociale* n'est pas possible sous les conditions du maintien du *capitalisme* mais seulement dans la perspective de son dépassement. *L'écosocialisme* est donc la seule voie pour y aboutir si l'on veut empêcher d'autres issues beaucoup moins convaincantes de la crise, comme p.ex. le développement d'un *écocapitalisme* instituant, sans aucune rupture avec le système capitaliste et sa logique, des réformes écologiques bien limitées, sans pour autant toucher à la logique et aux structures mêmes du système du profit destructeur de la nature, de l'environnement et des richesses naturelles. En bref, toutes les stratégies réformistes proposées d'un *écodéveloppement* (*Cf.* la Conférence de Stockholm, 1972 ou celle de Rio de Janeiro, « Sommet de la Terre », 1992), visant la réduction de l'écart Nord-Sud, la réduction de la consommation des ressources, dans la sphère Nord, et la lutte contre la pauvreté dans les pays du Sud, s'inscrivent en effet dans le projet global du « développement durable » qui, certes, vise aussi la réduction des inégalités du développement, mais qui ne met aucunement en cause les mécanismes du *capitalisme libéral mondial* qui ont généré tous ces maux. On peut donc considérer que *l'écodéveloppement*[157] proposé, p.ex. dans le cadre de la CNUED, n'est aucunement une alternative viable à *l'écosocialisme* . Et surtout, cela n'a pas empêché que, dans les années 80, les pays du Sud soient devenus les victimes plutôt que les bénéficiaires de la globalisation de l'économie néo-libérale mondiale[158].

Il suffit d'ailleurs de regarder quelques chiffres et statistiques afin de comprendre à quel point la *situation écologique* de notre planète est vraiment devenue dramatique, sous tous ses aspects, pendant les trois dernières décennies.

Alors que la population du globe a augmenté, entre 1970 et l'an 2000 de 3,7 milliards à 6 milliards d'hommes (ce qui signifie une augmentation de 62 % !), et qu'elle n'a pas cessé d'augmenter encore davantage à ce même rythme, entre l'an 2000 et 2010, la consommation mondiale de pétrole a augmenté de 46 millions de barils, en 1970, à 73 millions, en 2000 ; l'extraction de gaz naturel a augmenté de 34 milliards m3 à 95 milliards, et le parc de véhicules privées motorisées de 246 millions à 730 millions[159] ! Et, dans la même période, le trafic aérien a été multiplié par six ! En conséquence de cela, les

---

[157] *Cf.* Ignacy Sachs, *L'éco-développement. Stratégies pour le XXI*e *siècle*, Syros, Paris, 1997.

[158] *Cf. Op. cit..*, p. 19.

[159] Chiffres cités d'après Joel Kovel, *The ennemy of nature : the end of capitalism or the end of the world ?*, Zed Books, Londres/New York, 2002, p. X.

émissions carboniques type CO2 et les émissions de gaz à effet de serre ont augmentées de 3.9 millions de tonnes cubiques à 6,4 tonnes cubiques, créant des situations de *pollution* et de *surpollution* extrêmement graves et même dangereuses, notamment dans les agglomérations industrielles et urbaines des méga-métropoles (Sao Paulo, Tokyo, Mexico City, Shanghai, Pékin, etc.)

Ainsi, la santé de dizaines des millions de personnes, notamment celle des pays dit « émergeants », est menacée, le nombre de cas de cancer des personnes vivant et travaillant dans ces régions industrielles augmente constamment, mais aussi la mortalité due aux maladies respiratoires, tandis que l'air dans les grandes villes devient de plus en plus *irrespirable.* Les mesures décidées, p.ex. à la *conférence mondiale de Kyoto* destinées à réduire les émissions carboniques, se sont avérées inefficaces, surtout parce que les grandes nations industrielles qui sont aussi les plus grands pollueurs, comme les Etats-Unis et la Chine, sous la pressions des lobbys des multinationales et de leurs grands industriels, ont refusé de souscrire aux conditions du protocole de Kyoto. Or, selon les prévisions, si, d'ici l'an 2040, les *émissions à effets de serre* ne seront pas réduits de 50 %, et si des mesures énergiques ne sont pas prises, plus ou moins immédiatement, pour empêcher la formation de vastes couches d'ozone, cette pollution aura atteint, dans les pays hautement industrialisés, une dimension si dramatique que la survie de la population est mise en danger. Or, ce sont les grandes *multinationales capitalistes* refusant obstinément des mesures de protection contre la pollution de l'atmosphère (filtres, etc.), et continuant une politique brutale de *destruction de l'environnement e*t de l'exploitation (sans limites) des ressources naturelles (fossiles) et de la destruction des forêts (p.ex. la forêt amazonienne), dans le cadre d'une logique productiviste de la croissance, qui sont les vraies responsables de cette crise écologique et de ses effets dévastateurs pour la grande population de notre globe. Comme Joël Kovel l'a si bien montré dans son livre *The ennemy of nature* (2002/2007), nous courons donc tout droit vers la catastrophe, si cette logique capitalistique n'est pas radicalement renversée, c'est-à-dire si l'on ne choisit pas une voie radicale pour sortir de la *crise écologique et environnementale.* Et cette voie radicale ne peut être que *l'écosocialisme.*

Mais comment définir *l'écosocialisme* ou le *socialisme vert* ?

Selon la définition donnée par David Pepper, un des pères-fondateurs de *l'écosocialisme* en Angleterre, « l'écosocialisme est une forme de socialisme tendant beaucoup moins vers le totalitarisme que les socialismes précédents »[160], tout en intégrant dans sa doctrine des éléments importants du marxisme, dus socialisme et de l'anarchisme. Si la thèse de Pepper – dirigée à l'encontre des *écocentristes* - est que le marxisme peut contribuer beaucoup plus à l'écologie que les « verts » sont réellement prêts à supporter, c'est parce que « le marxisme nous propose une lecture dialectique du rapport *nature-société* qui, par son approche matérialiste et historique, se distingue bien de celle proposée par les *écocentristes*.

Or, les *Verts*, à quelques exceptions près (*Cf.* le courant « Rouge-Vert »), loin de vouloir accueillir à bras ouvert le marxisme et ses analyses écologiques, préfèrent visiblement résister, dans leur grande majorité, à toute « récupération » marxiste/socialiste de leur mouvement, en reprochant au marxisme sa « rigidité, son « inflexibilité », son « déterminisme », son « mécanicisme », son « totalitarisme », ainsi que l'absence d'humanisme et de

---

[160] David Pepper, *Ecosocialim. From deep ecology to social justice*, Londres, 1993, p. 5.

spiritualité, dans sa doctrine. Bien sûr, ce rejet n'est que le résultat d'un jugement trop superficiel, trop sommaire et trop non-différencié porté sur le marxisme en général, faisant l'amalgame entre *marxisme et stalinisme* et ne prenant pas du tout en considération les courants néo-marxistes non-dogmatiques du XXe siècle (Gramsci, H. Lefebvre, l'Ecole de Francfort, Ernst Bloch...) dont certains, comme p.ex. le courant du « marxisme utopique » représenté par Ernst Bloch ont, notamment avec l'esquisse d'une *philosophie de la nature* prônant un rapport *autre* de l'Homme à la Nature, et une *coproductivité du sujet naturel avec le sujet humain,* tendu la main, avec leurs écrits, au mouvement écologiste... Mais cette répulsion, cet indifférentisme des *écocentristes*, au sein même du mouvement écologiste, à l'égard du *socialisme* et du *marxisme,* est sans nul doute le produit historique des graves erreurs commises par les dirigeants des pays du « socialisme réel », c'est-à-dire les dirigeants d'un socialisme d'Etat autoritaire et bureaucratique pour lesquels *l'écologie* était un tabou absolu et qui, en persévérant sur la voie d'un industrialisme centralisé, fondé sur le *productivisme* et la *croissance,* se sont faits volontairement complices des pires dégradations et catastrophes écologiques, comme p.ex. celle de l'explosion de la centrale nucléaire de *Tchernobyl,* en 1986. Défendre *l'écologie,* dans les pays de l'Est, p.ex. en ex-Union soviétique, à l'ère de Brejniev, ou en ex- RDA, à l'époque de Erich Honecker, valait être *dissident*[161], mais cela n'a pu empêcher l'émergence d'une tendance écologiste-socialiste qui, à partir des années 90, n'a eu de cesse de s'amplifier, surtout dans les pays

[161] *Cf.* « l'affaire Bahro », en ex-RDA (1977).

occidentaux, notamment aux Etats-Unis, au Brésil, en Angleterre, en France[162] et en Allemagne.

C'est peut-être le moment pour évoquer la grande contribution d'André Gorz pour l'esquisse d'une véritable alternative écolosocialiste en opposition au projet d'un capitalisme vert.

---

[162] Pour la France, *cf.* les travaux de Michael Löwy, un des principaux dirigeants du « Réseau Ecosocialiste International », et ceux de Vincent Gay , tous deux militants actifs du NPA.

VI. André Gorz, cofondateur et précurseur de l'écosocialisme ?

Si la dogmatisation économiciste et stalinienne du marxisme est, incontestablement, la principale raison du déclin relatif du marxisme, pendant les deux décennies suivant l'implosion et l'écroulement du communisme soviétique, en 1991, et aussi du dialogue difficile entre *écologistes* et *marxistes*, le dialogue engagé entre *l'écologie* et le *socialisme*, d'un côté, et entre *l'écologie* et *l'anarchisme,* de l'autre, a pu se développer quand même, pendant ces dernières années, en dépit des difficultés que connaît, effectivement, le marxisme. (Je renvoie à ce propos aux travaux et analyses consacrés à l'écosocialisme autogestionnaire et ses versants *libertaires*, présentés par Thierry Brugvin.)

Si, malgré le désarroi et les difficultés qu'ont connu les partis socialistes et sociaux-démocrates de l'Europe, essentiellement, à cause de leur inadaptation aux changements intervenus au cours de la troisième révolution industrielle, *l'idée socialiste* n'est pas morte, même si le socialisme est mort comme système[163] (André Gorz), c'est parce que, comme le souligne, entre autres, Jürgen Habermas, « le socialisme en tant que critique *radicale-ré-formiste* de la société capitaliste ne disparaîtra qu'avec l'objet de sa critique : lorsque la société critiquée sera transformée au point qu'elle saisira l'importance et prendra au sérieux tout ce qui ne peut ni s'acheter ni se vendre. » Et même si le *socialisme* est en effet mort comme système tendant à une totale rationalisation scientifique et un système de planification centralisée contraignant les individus à une attitude conforme aux

[163] André Gorz, *Capitalisme, Socialisme, Ecologie (Desorientations. Orientations)*, Galilée, Paris, 1991, p. 9.

exigences de la mégamachine étatique-industrielle, il subsistera, « comme mouvement ou comme horizon historique pour autant que, conformément à sa signification originelle, il se comprend comme aspiration à achever l'émancipation des individus dont la révolution bourgeoise a marqué le commencement et qui reste à réaliser dans les domaines dans lesquels le capitalisme soumet les hommes et les femmes aux contraintes systémiques, aux rapports de domination et aux aliénations inhérentes au règne de la marchandise »[164].

Etant en ce sens précis la négation positive du capitalisme, le socialisme demeure donc *la seule alternative possible* porteuse de valeurs d'émancipation. « Issu de l'ambivalence et de l'inachèvement de la modernisation capitaliste, et des effets inacceptables de l'économie du marché », il continue d'avoir pour sens et pour but « l'émancipation des individus dans les domaines dans lesquels la logique du marché, de la concurrence et du profit y fait obstacle dépossédant les individus de leurs possibilités d'autonomie et d'épanouissement »[165].

Il ne s'identifie pas forcément à l'état providence, vu que ce dernier n'est qu'un « capitalisme plus ou moins humain » et non un socialisme démocratique[166].

Le terme « socialisme » a été utilisé pour la 1re fois par Pierre Leroux, philosophe utopique religieux, dans une lettre à Owen, en 1834, avant de devenir tout au long du XIXe siècle, le concept-clé pour toutes les philosophies et stratégies politiques critiquant l'ordre économique existant, l'exploitation et la domination, en revendiquant l'autonomie, la justice, la liberté et l'émancipation de toutes les conditions où l'Homme est traité au mépris de sa dignité. En tant que tel, le *socialisme* était, depuis la

---

[164] *Op. cit.*, p. 101.
[165] *Op. cit.*, p. 102.
[166] *Op. cit.*, p. 103-104.

publication du *Manifeste Communiste* (1848) et du *Capital* de Marx, mis en concurrence avec le *communisme* s'auto-définissant comme un *socialisme plus radical, révolutionnaire et centralisateur*, fondé sur la théorie du dépassement révolutionnaire de la contradiction entre Capital et Travail et l'émancipation des travailleurs – par leur *auto-organisation* dans le *Parti Communiste* – du mode de production capitaliste et de l'aliénation. Alors que les communistes luttaient pour la suppression du salariat et de tous les rapports marchands, les socialistes (réformateurs) se limitaient « à réduire l'empire du système et de le soumettre au contrôle et au service des formes d'activité sociale et individuelle autodéterminées »[167]. Tout en continuant de se réclamer des idées de justice, de progrès et d'égalité, les *partis socialistes et sociaux-démocrates* de l'Europe se sont progressivement, au courant du XXe siècle, et après la scission intervenue avec les communistes, entre 1919 et 1921 (Congrès de Tours), transformés en des forces politiques *réformistes* gestionnaires des affaires du capitalisme, se limitant à la volonté de « gouverner mieux », en renonçant à leur projet initial de transformation radicale de la société. Ils ne sont pourtant pas restés indifférents à l'égard du défi lancé par *l'écologie*. Ainsi, l'étude des programmes des Partis socialistes Allemands, Français et Scandinaves des dernières années révèle la présence d'une sensibilité grandissante, jusque dans les instances dirigeantes de ces partis, pour les questions écologiques et *l'écologie politique* en général,- fait qui est attesté, entre autres, par l'importance qui est donnée pour la première fois à l'écologie, dans le Programme du *Parti Social-Démocratique Allemand* (SPD) de 1989, présenté à l'époque par Oskar Lafontaine et Peter Glotz, ainsi que par

---

[167] *Op. cit.*, p. 105.

la volonté de certains dirigeants socialistes français (Ségolène Royal…), d'opérer également une assez grande ouverture à l'égard de l'écologie, même si ce clin d'œil ne semble guère dissimuler une certaine volonté de récupération. Le courant écologique demeure cependant *minoritaire* au sein même d'un *Parti Socialiste* tiraillé entre les partisans d'un *social-libéralisme* modernisateur (Dominique Strauss-Kahn, François Hollande…) et les défenseurs des *valeurs socialistes traditionnelles* (inspirées des valeurs défendues par *Jean Jaurès* et *Léon Blum*), comme p.ex. Vincent Peillon.(La motion présentée par le courant altermondialiste et écologiste émergeant du PS, c'est-à-dire le *mouvement Utopia*, n'a recueilli que 2% au Congrès de Reims du PS.)

Il est pourtant indéniable, comme le souligne à juste titre Michael Löwy, que « le socialisme et l'écologie partagent (…) les valeurs sociales irréductibles au marché » et qu'ils partagent surtout « une révolte contre « la grande transformation », à savoir, contre l'autonomisation réifiée de l'économie par rapport aux sociétés, et un désir de réorienter l'économie dans un environnement social et naturel[168].

Mais ce qui rend la convergence toujours difficile, c'est effectivement l'incapacité des socialistes et des marxistes orthodoxes d'abandonner réellement leur logique traditionnelle fondé sur le *productivisme* et la *croissance,* et en même temps *l'écocentrisme* libéral des *Verts,* à savoir leur refus de rompre radicalement avec l'économie capitaliste de marché et leur glissement plus ou moins irrésistible, dans le cadre de leur alliance politique avec les socialistes, vers une acceptation d'un *éco-capitalisme social-libéral,* intégrant certaines réformes de type écologique, sans pour autant changer le système.

---

[168] Michael Löwy, *Ecologie et Socialisme*, Syllepse, Paris, 2005.

Ici, ce qui se passe en ce moment, au sein même du mouvement « *Europe Ecologie* », est assez typique pour l'illustration de cette situation. En s'exprimant clairement en faveur d'une alliance entre écologistes (« Europe Ecologie » + les Verts) et socialistes, « *Europe Ecologie* » misait clairement sur la mise-en-place d'un gouvernement de coalition *rouge-vert*, d'après le modèle allemand, après les élections présidentielles de 2012, avec l'élection d'un Président de la République *socialiste*. Cela correspondait en effet aux convictions et désirs de la grande majorité des Verts et des adhérents d' « EELV ». Mais ainsi – et c'est cela, l'erreur – *Daniel Cohn-Bendit* et ses amis se coupaient volontairement des forces écologistes et sociales plus *radicales* à gauche, notamment des *ecosocialistes* organisés au sein même du Parti de gauche (PG) de Jean-Luc Mélenchon ainsi que des écologistes du NPA, représentés, entres autres, par Vincent Gay et Michael Löwy. Prenant pour modèle l'alliance entre sociaux-démocrates et Verts, en Allemagne, étant au gouvernement de 1998 à 2005, sous le chancelier Gerhard Schröder, *Daniel Cohn-Bendit*, qui ne cessait de faire des gestes d'ouverture à l'égard du centre et même à l'égard de certains représentants modérés de la droite, oubliait, malheureusement, que seule l'unité la plus large possible entre écologistes, socialistes de gauche, alternatifs et d'autres courants de la gauche radicale aurait pu permis, éventuellement, d'imposer, après la victoire aux présidentielles et aux législatives, des *socialistes,* au nouveau gouvernement socialiste, des mesures radicales, p.ex. dans le domaine écologique et social. C'est la raison pour laquelle le refus de DCB., de Cécile Duflot et de la direction nationale des Verts d'intégrer, dans leur vision programmatique, les revendications *écosocialistes* et cette exclusion du projet de société écosocialiste du projet politique (réformiste, radical) d'*Europe Ecologie Les*

Verts (EELV), au profit d'une *vision écologique sociale-libérale* (gestionnaire), était fatal pour l'avenir de ce grand mouvement écologique. Perdant rapidement toute dynamique, après la signature d'un accord électoral avec le PS qui leur garantissait, certes, un groupe de députés à l'Assemblée Nationale et une participation au gouvernement de Jean-Marc Ayrault, avec deux ministres, EELV n'a pas du tout réussi à s'imposer, face à *l'hégémonisme* des socialistes, comme une force de proposition politique neuve, inventive et radicale ; il est vite devenu une simple force supplétive, obéissante d'un *Parti Socialiste* (social-démocrate) résolu à ne faire que le minimum absolu de concessions à son partenaire écologique (p.ex. dans le domaine de la réduction du nucléaire et de la fermeture des centrales nucléaires). Et il a ainsi contribué à décourager ses militants de base, en décevant les espérances de tous ceux qui militaient dans ses rangs en faveur d'une écologie radicale et sociale et pour une transformation radicale de la société, en rompant avec le capitalisme et sa logique productiviste.

Evidemment, l'heure est venue maintenant d'unir toutes les *forces écologistes et écosocialistes* sur une *plateforme commune*. La rédaction et la diffusion du « *Manifeste éco-socialiste* »(2001) a été un premier pas, certes, mais un pas important. Mais face à *l'urgence écologique* et politique à laquelle nous sommes confrontés aujourd'hui, il faudrait sans nul doute *aller encore plus loin* ; car il est fort temps que ce pôle, ce *rassemblement écologique (international)* se transforme maintenant en un courant politique pris au sérieux sur le plan politique national et international ; et cela nécessite, je pense, la constitution de ce courant comme un *mouvement politique* capable d'intervenir de plus en plus efficacement sur la scène politique nationale et internationale. Autrement dit, il faudrait qu'avec ses porte-paroles, ce mouvement, ce nouveau parti-

écosocialiste, sous la forme du *Parti de Gauche (PG),* se positionne rapidement comme la seule alternative viable à l'option écosocialo-libérale, c'est-à-dire à celle d'un *écocapitalisme* géré par les *socialistes réformateurs*, ralliés et secondés par « Europe Ecologie ».

Seulement ainsi, *l'émancipation socialiste*, débarrassée des horreurs du stalinisme et des compromissions socio-démocrates pourra revivre et renaître, évidemment dans des nouveaux habits écologiques.

Si l'écosocialisme est égal, comme le souligne Michaël Lowy, à une tentative originale d'articuler des idées fondamentales du socialisme marxiste avec les acquis de la critique écologique, il ne peut cependant s'affirmer efficacement, dans la durée et dans le temps, qu'en tant qu'*éthique radicale* qui comporte évidemment la revendication de l'instauration d'une *démocratie authentique,* élargie à la sphère économique, et celle d'une *transvaluation des valeurs traditionnelles* et *dominantes du capitalisme,* fondées sur la volonté d'accumulation et d'appropriation privée du capital et du profit, la propriété, l'individualisme etc...Ces contre-valeurs sont nécessairement les valeurs du *socialisme* (fraternité, égalité, justice sociale), complétées par les valeurs *écologiques*, et, en un sens restreint, à savoir la protection de l'environnement, la prohibition du gaspillage de l'énergie, le respect de la nature et de la vie, sous toutes ses formes, la protection de la biosphère, la recherche des formes de vie plus adaptées aux conditions de notre modernité, le coopérativisme, et la transformation du rapport traditionnel de l'Homme à la Nature.

Par conséquent, cette *éthique nouvelle* doit nécessairement être fondée non pas sur une *heuristique de la peur*, comme le suggère Hans Jonas, mais sur une conscience critique apte à affronter le pouvoir économique, politique et idéologique des lobbies capitalistes, au service des grands pollueurs (...) »[169] et à développer une solidarité, à l'échelle nationale et internationale, c'est-à-dire avec toutes les victimes d'une *politique anti-écologique* menée par le grands trusts et les intérêts du capitalisme international, notamment dans les pays du tiers-monde (Afrique, Asie, Amérique Latine).

Cette éthique articulée à une conscience critique à l'égard de toutes les *injustices* et tous les *crimes commis contre la nature*, n'est pas fondée, comme par exemple l'éthique kantienne, sur un *impératif catégorique* exigeant l'adéquation de la maxime de la volonté aux lois d'une *législation morale universelle*[170] ; elle n'est pas non plus fondée sur une *éthique du devoir* ou une codification morale d'origine théologique (religieuse) ; elle est, en son essence même, *conscience critique des dangers* qu'encourt l'humanité pour sa survie, en raison, précisément, de la *pollution* de nos villes, de la destruction progressive des *écosystèmes* et des menaces de plus en plus grandes pour la *biosphère*. Elle est par conséquent fondée sur la *conscience* (utopique) radicale de la nécessité d'une transformation importante et radicale de notre rapport à la *nature* et à *l'environnement* et aussi de notre mode de vie traditionnel. Elle est aussi conscience critique et prise de conscience critique du fait indéniable que les changements inévitables qui sont devant nous font partie d'un processus de *transformation radicale de la société* (déterminée, pour une grande partie, *écologiquement*), débouchant, nécessairement, aussi sur un *changement de civilisation*. C'est la prise de conscience du fait que nous nous trouvons aujourd'hui, déjà au *seuil* de ce changement radical. La mise en cause radicale du *productivisme* et de la *croissance* (sans limites) de la

[169] Michael Löwy, « Pour une éthique éco-socialiste », in : *Ecologie et Socialisme*, p. 17.
[170] *Cf.* Emmanuel Kant, *Critique de la raison pratique*, 1787.

production industrielle en fait aussi partie. Comme le souligne à juste titre André Gorz, « le sens de cette *rationalisation écologique* peut se résumer en la devise « moins mais mieux ». Son but est évidemment une société dans laquelle on *vivra mieux*, en travaillant et en consommant *moins*. La modernisation écologique exige que l'investissement ne serve plus à la croissance mais à la *décroissance* de l'économie, c'est-à-dire au rétrécissement de la sphère régie par la rationalité économique sans restriction de la dynamique de l'accumulation capitaliste et sa réduction par l'autolimitation de la consommation. Les exigences de la modernisation écologique coïncident aussi avec celles d'un rapport Nord-Sud transformé et avec la visée originaire du socialisme. »[171]

Il est légitime et inquiet de définir, à partir de là, à partir de ce constat, les tâches nouvelles pour la stratégie éco*socialiste* et de rappeler, à ce propos, le point de vue de l'historien autrichien Siegi Mattl qu'André Gorz cite à la fin du 5ème chapitre de son livre *Capitalisme, Socialisme, Ecologie : « La* redéfinition du socialisme devra s'opérer en dehors des sentiers battus, car le capital est en train de dénoncer le « contrat social » dont, en Europe du moins, la société bourgeoise a jusqu'ici été si fière… ».[172]

Pour la première fois dans l'histoire, le *socialisme* se trouve donc réellement placé devant la tâche d'avoir à incarner tout ce qui est constitutif de l'humanité, à savoir, la *rébellion*, la capacité de *création* et *l'autodétermination sociale* et culturelle. (…) Il s'agit du projet révolutionnaire que les hommes soient plus et autre chose que les exécutants des fonctions qui prédéterminent pour eux la machinerie sociale ; il s'agit *d'autonomie*, de la possibilité pour les hommes et les femmes de tisser librement leurs

---

171 André Gorz, *Capitalisme, Socialisme, Ecologie,* Galilée, Paris, 1991, p.93.

172 *Op. cit..*, p. 109.

liens… ; il s'agit de rendre impossible la domination sur autrui, qu'elle prenne la forme des dix commandements du pouvoir de l'Etat ou de l'actionnariat. Le socialisme devra se souvenir de ses origines il y a cent ans s'il veut survivre.[173]

Mais cette éthique écosociale consciente de ce changement de civilisation dépasse de loin les objectifs revendiqués par *l'éthique de la responsabilité* au sens où l'entend Hans Jonas.[174] Certes, c'est aussi en un sens une éthique de la responsabilité décidée à affronter les grands défis de notre civilisation technologique, mais contrairement à ce qui prétend l'auteur du *Principe Responsabilité*, celle-ci n'est pas fondée sur une quelconque « heuristique de la peur » mais sur la conscience lucide et critique que *seul* le développement d'une *nouvelle rationalité économique écologique* substituant la logique capitaliste et productiviste puisse éviter de nouvelles *catastrophes écologiques* et préserver l'humanité tout entière de la destruction. C'est, comme le souligne entre autre, Philippe Corcuff, beaucoup plus une « éthique de la fragilité qu'une morale fondée sur le principe individualiste de la responsabilité, c'est une *inquiétude éthique n*ourrissant un principe de précaution qui nous alerte sur les chasse-trapes comme sur l'état des « conditions contextuelles » du progrès.[175]

C'est une *éthique du courage*, du courage que Jean Jaurès, dans son « *Discours à la jeunesse de l'année 1903* » (au lycée d'Albi) a qualifié, entre autres, comme

[173] Sergi Matt, « Was bleibt vom Sozialismus ?" (Que reste-t-il du socialisme ?), in : « Mit wem zieht die neue Zeit ? », Sommerwerkstatt Steyr, 1988 ; *Cf.* André Gorz, *Op. cit..*, p. 109-110.

[174] *Cf.* Hans Jonas, *Le Principe Responsabilité. Une éthique pour la civilisation technologique*, trad. de l'allemand par Jean Greisch, Flammarion, Paris, 1998.

[175] Philippe Corcuff, *La société de verre. Pour une éthique de la fragilité*, Armand Colin, Paris, 2002, p. 181.

la faculté « d'aimer la vie et de regarder la mort d'un regard tranquille, c'est d'aller à l'idéal et de comprendre le réel, c'est d'agir et de se donner aux grandes causes, sans savoir quelle récompense réserve à notre effort l'univers profond, ni s'il lui réserve une récompense. » Comme le souligne à juste titre Philippe Corcuff, « une des considérations majeures d'une telle *éthique de l'inquiétude* est qu'elle relève tout à la fois d'une responsabilité morale individualisée (...) et d'une responsabilité politique collective (...). Dans une éthique de l'inquiétude, le je et le nous nouvellement associés dans une responsabilité vis-à-vis des générations futures ne peuvent jamais complètement s'endormir dans « une conscience tranquille. Mais l'inquiétude n'est pas la peur car elle sait que l'émancipation comme la barbarie sont deux potentialités des mouvements de l'histoire. »[176] Mais, précisément à la différence de *l'heuristique de la peur* de Hans Jonas, *l'éthique écosocialiste* peut légitimement revendiquer et opérer sans aucun problème la convergence avec « l'optimisme militant » d'un Ernst Bloch et notamment avec cette *espérance messianique* de la concrétisation possible de l'utopie. Cela est attesté, entre autres, par la dernière lettre que j'ai reçue, à la date du 14 juillet 2005, de la part d'André Gorz où le célèbre auteur d' *Ecologie et Politique* (1975) fait directement allusion à cette convergence possible et souhaitable, précisément, dans la perspective d'une *écologie politique* orientée vers *l'émancipation* de l'homme, tout en regrettant que l'on parle, évidemment, dans les cercles intellectuels français d'aujourd'hui « beaucoup trop de Hans Jonas » et non pas assez d'Ernst Bloch » ! Pourtant, la pensée jonassienne demeure néanmoins une *pensée écologique* qui « se préoccupe aussi de l'avenir de la nature afin de sauvegarder l'avenir des hommes ».

[176] *Op. cit.*, p. 181.

Autrement dit : « L'humanisme écologique de Jonas étend l'espace temporel de la responsabilité humaine. Car la situation des humains est également liée à la situation des formes vivantes non humaines, animales et végétales. »[177]

Néanmoins, *l'écosocialisme* comporte, dans le cadre du *dépassement écologique du capitalisme*, le projet *réformiste-révolutionnaire* d'une *planification écologique*[178] démocratique, comme résultat d'une synthèse dialectique des thèses du mouvement écologique radical avec la critique (marxiste) de l'économie politique. Et cette synthèse dialectique sera « à la fois une *critique de l'écologie du marché* et du *socialisme productiviste* qui reste trop indifférent à la question des limites de la nature »[179].

[177] Corcuff, *op. cit..*, p. 182 ; *Cf.* aussi Latour, Bernard, 1999, *Politique de la nature – Comment faire entrer les sciences en démocratie,* Paris, La Découverte, 1999. *Cf.* aussi la revue « Ecologie et Politique » n°37/2008 « L'Avenir est déjà parmi nous », Ed. Syllepse, et notamment l'article de Michael Löwy : *Ecosocialisme et planification démocratique, op. cit..*, p. 165-180.

[178] *Cf.* Jean-Luc Mélenchon, *La règle verte. Pour l'écosocialisme,* Café République, Paris, Bruno Leprince, 2012, p. 118 sq.

[179] Michael Löwy, *Op. cit.*, p. 165.

VII. Le rapport du socialisme à l'écologie

Contribution aux Assises pour l'écosocialisme organisées le 1er décembre 2012, à Paris, à L'Espace Reuilly

D'abord un peu d'étymologie : Dans le mot « écosocialisme » il y a en effet deux termes : le terme « écologie » et le terme « socialisme ». Bien sûr, nul ne peut plus ignorer que le terme de « socialisme » ait été dévalué, au cours du XXe siècle, essentiellement à cause de la déviation bureaucratique et totalitaire du *socialisme* dans la Russe stalinienne et ses satellites, en Europe de l'Est, et l'identification automatique du « socialisme » avec ces systèmes, mais aussi à cause de la déception qu'ont crée les partis socialistes ou sociaux-démocrates réformistes, par leur soumission aux diktats du néolibéralisme. En revanche, le terme « écologie » n'a pas du tout connu cette même *dévaluation* ; créé, en 1866, par Ernst Haeckel, il a, au contraire, connu une ascension spectaculaire, profitant simultanément des difficultés du socialisme et du capitalisme libéral, si bien que le *socialisme*, déjà un peu à bout de souffle, se trouve maintenant, presque miraculeusement, tiré vers le haut, mais exclusivement par sa fusion productrice avec l'écologie politique et un mouvement écologiste radical, dans un courant politique se démarquant simultanément de la social-démocratie (PS) et de l'écolo-centrisme réformiste d'Europe Ecologie Les Verts (EELV).

Dans son livre *Capitalisme socialisme, écologie (*Galilée, 1991), André Gorz avait défini, en effet, le *socialisme* non pas comme système (il était conscient du fait qu'il avait, entre autres, à cause de la perversion stalinienne, perdu toute légitimité en tant que tel), mais comme un *au-delà du capitalisme* auquel oeuvrent les mouvements sociaux quand ils luttent pour un développement modelé selon les vrais besoins vécus des gens, rattaché à leurs aspirations et à leurs intérêts. Et cette lutte qui est une lutte pour l'émancipation, continue et continuera... Mais c'est surtout, et essentiellement, un combat pour un idéal socialiste ou un monde meilleur sans exploitation et aliénation, pour l'émancipation et pour la dignité humaine qui n'est plus guidé ou porté par l'identification avec un système ou un Etat.

C'est précisément dans cette perspective qu'André Gorz définit en tant que socialiste et écologiste, ou bien en tant qu'écosocialiste (au sens où il avait été déjà défini par René Dumont), quatre urgences en vue d'atteindre ce but utopico-concret d'une société autre, écologiste, coopérativiste, autogérée, dans le cadre général d'une vision simultanément écologiste et socialiste autogestionnaire :

1° La substitution de la rationalité économique dominante par une rationalité économique et sociale *autre*, en rupture avec la logique capitaliste du productivisme, de l'exploitation illimitée des ressources naturelles, de la destruction des écosystèmes et de la maximisation du profit.

2° La *décroissance* de la production des marchandises, grâce à une *autolimitation des besoins* (c'est le vrai sens de la devise « On peut produire mieux mais moins ! »), décroissance qui est une véritable déclaration de guerre au capitalisme de la croissance et toutes ses conséquences néfastes.

3° L'instauration, grâce à la création, à une vaste échelle, à l'avenir, d'*ateliers communaux de production autogérés* par les travailleurs associés, d'une véritable sphère de la mise-en-commun communautaire échappant aux lois de la marchandisation, et de la coopération auto-organisée des producteurs, se concrétisant dans des activités autodéterminées de plus en plus étendues.

4° Le droit à un revenu découplé du travail, à savoir, à un *revenu d'existence,* indépendamment de l'insertion dans des structures du travail organisé.

Toutes ces propositions de Gorz plaident donc incontestablement en faveur de *l'utopie concrète* d'une société nouvelle, fondée sur *l'autogestion* et sur *l'auto-organisation* volontaire des producteurs associés, à savoir en faveur d'une société libérée du mythe productiviste et ayant supplanté définitivement le mode de production capitaliste au profit d'un mode de production écologiste coopérativiste et socialiste, où la durée de travail serait fortement réduite. Ce projet comporte donc, inévitablement, une rupture réelle et radicale avec le capitalisme que les « socialistes » au gouvernement ont évidemment refusé et continuent de refuser en tant que gestionnaires dociles des affaires du capitalisme libéral mondialisé.

En outre, l'utopie écosocialiste d'André Gorz est aussi fondée sur la conviction que le capitalisme en crise a déjà atteint ses limites, puisque « l'informatique et INTERNET minent le règne de la marchandise à sa base et parce que « tout ce qui est traduisible en langage numérique et reproductible, communicable sans frais, tend irrésistiblement à devenir un *bien commun*, voire un *bien commun universel* quand il est accessible à tous et utilisable par tous »[180]. Autrement dit, le capitalisme s'est empêtré dans un processus irréversible où « la principale force productive et la principale force des rentes tombent dans le domaine public et tendent vers la gratuité »[181]si bien qu'en conséquence, « la propriété privée des moyens de production et donc le monopole de l'offre deviennent progressivement impossibles »[182]. En outre, Gorz ne

[180] Gorz, *Ecologica*, Galilée, 2008, p. 37.
[181] *Op. cit.*., p. 38-39.
[182] *Op. cit.*., p. 39.

cesse de nous rappeler à ce propos, évidemment dans la perspective d'Ivan Illich, que « les *moyens d'autoproduction high-tech* rendent la mégamachine industrielle virtuellement obsolète »[183] et comment l'usage des *outils conviviaux* [à venir], si chers à Illich, « stimule l'accomplissement personnel et élargit l'autonomie de tous »[184]. Par conséquent, le but de ce processus, de cette transformation qualitative profonde accompagnant le processus de décomposition, de dissolution du capitalisme contemporain, à savoir du *capitalisme de la mégamachine industrielle,* est bien, selon Gorz, la naissance, à grande échelle, stimulée, engendrée par les outils high-tech déjà existants, d'*ateliers coopératifs ou communaux,* à savoir d'*ateliers communaux d'autoproduction* qui seront « interconnectés à l'échelle du globe et qui pourront échanger ou mettre en commun leurs expériences, inventions, idées, découvertes. » Et tout cela sera possible, parce que nos sociétés comportent un « excédent de ressources humaines » qui ne peut devenir productif que dans une économie qui n'est plus soumise aux critères de rentabilité ».

Il s'agit alors de rien d'autre que de la substitution de la rationalité du capitalisme par une rationalité *autre* (écologique, anti-productiviste, anti-croissance et autogestionnaire) qui consistera à la fois, comme le souligne Gorz, en un « ménagement de l'écosystème et un emploi de moyens de production que les producteurs associés puissent maîtriser, c'est-à-dire *autogérer*, au lieu d'être dominés par leur gigantisme et leur complexité »[185]. Et l'autogestion signifie, dans ce cadre précis, l'arbitrage par les producteurs associés, entre la

183 *Op. cit..*, p. 40.
184 *Op. cit..*, p. 41
185 *Ecologica,* p. 56

quantité et la qualité de travail ainsi qu'entre l'étendue des besoins ou des désirs et « l'importance de l'effort qu'ils jugent acceptables de déployer »[186].

[186] *Op. cit..*, p. 56.

VIII. En quoi l'écosocialisme est-il le projet d'avenir d'une gauche radicale et lucide ?

Je dirais que dans cette situation de crise permanente – financière, banquière, économique et écologique – où la réalité du pouvoir est exercée par les marchés financiers qui tout en s'enrichissant avec les intérêts des prêts accordés aux Etats n'ont pas honte de réclamer aux peuples des sacrifices toujours plus grands, en incitant des gouvernements nationaux à leur imposer une politique d'austérité toujours plus restrictive et injuste, en bref dans une situation où la continuité de la politique néo-libérale, par les socialistes sociaux-libéraux, actuellement au pouvoir, en France, ne cesse d'accroître la pauvreté, la précarité, le chômage, tandis que la destruction des écosystèmes, la pollution et le réchauffement de la planète, causé par les émissions de gaz à effet de serre (GES), progressant dangereusement, mettant en cause la santé de dizaine de millions d'habitants du globe, le projet *écosocialiste* s'impose presque naturellement à l'échelle mondiale chaque jour un peu plus, non seulement comme une *alternative possible au capitalisme néolibéral, à un capitalisme destructeur des* ressources *naturelles* et responsable des catastrophes écologiques, mais aussi comme une alternative conçue et portée, essentiellement, par la *gauche radicale,* au projet de société (social-libéral) des sociaux-démocrates, de nouveau au pouvoir, en France, depuis mai 2012. En tant que tel, il incarne, à notre avis, l'espoir et l'avenir, étant en mesure, dans le meilleur des cas de figures, de générer une *synergie* nouvelle, permettant de mobiliser les travailleurs et les citoyens victimes de la crise et de la dictature de la finance et des marchés financiers, pour l'objectif de transformer l'amertume et la déception en une *force de résistance* apte à s'organiser, efficacement, non seulement contre les licenciements, les délocalisations et les discriminations de toute sorte, créés par un système fondé sur le privilège, l'exploitation et l'accumulation du profit, mais aussi contre la destruction des écosystèmes, la pollution de l'air, et la privatisation des ressources vitales comme l'eau. Marchant simultanément sur deux pieds, un pied *écologique* et un pied *social,* il peut tout à fait réussir ou du moins se constituer comme principale force de revendication et de réalisation des nécessaires et inévitables *transformations écologiques et sociales*, en tenant compte des intérêts vitaux des générations futures et de la nécessité de substituer une logique et un mode de production dicté par le profit et la marchandisation par une logique *autre* revendiquant l'intérêt général, la justice sociale et le partage des biens communs.

Dans cette perspective, l'exigence du programme du *Front de Gauche* de la création d'un *Fonds européen de développement social, écologique et solidaire,* complété par l'exigence de création de *pouvoirs nouveaux* pour les salariés et l'encouragement à la création de *coopératives autogérées démocratiquement par les producteurs associés*[187] semblent être des revendications et des propositions tout à fait adéquates pour affronter la grave crise actuelle et pour mettre en œuvre la *conversion écologique de l'économie,* à savoir sa transformation en une *économie écologique et sociale,* accompagnée de mesures concrètes destinées à l'abolition de la précarité et de la pauvreté et à la création d'une vraie protection sociale pour tous (comportant aussi le blocage des loyers). Sur le même plan, nous devons aussi, absolument, soutenir, je pense, le projet de l'instauration d'une *planification écologique* telle quelle est exigée et inscrite dans le *contre-budget* présenté par le *Front de Gauche* (2012) ; car, sans une telle coordination, il serait très

---

[187] *Cf.* le programme du *Front de Gauche,* Paris, 2011, p. 11.

probablement impossible de résoudre les énormes problèmes et tâches qui sont devant nous, relativement à la *sortie programmée du nucléaire* et la nécessité de substituer les énergies fossiles et l'énergie nucléaire par des *énergies non fossiles renouvelables,* donc, prioritairement, par des *énergies géothermiques, l'énergie solaire et l'énergie produite par un grand parc d'éoliennes* qui en ce moment est encore beaucoup trop réduit et qui devrait être multiplié par vingt, trente ou même cinquante, pour couvrir, dans les années à venir, du moins une partie importante des besoins énergétiques de notre pays, car là nous sommes, hélas, très loin derrière l'Allemagne et des pays nordiques. Cela nécessite sans nul doute, comme le prévoir d'ailleurs la proposition de Jean-Luc Mélenchon, la création d'UN PÔLE FINANCIER PUBLIC, permettant le financement de ces mesures d'urgence ; car nous sommes, nul ne peut en douter, dans *l'urgence écologiste absolue*, et cela justifie aussi, à mon avis, le recours éventuel à un nouvel emprunt d'Etat pour alimenter ce fonds spécial et pour financer les mesures qui s'imposent, particulièrement, dans le domaine de *l'écologie,* par exemple, pour la mise en œuvre d'un nouveau modèle agricole, à savoir un plan de *transition écologique de l'agriculture* sans OMG[188] (largement autonome aux ressources non renouvelables). Mais l'important, c'est que tous ces *choix énergétiques* nouveaux s'effectueront sous contrôle citoyen.

Il va falloir aussi nous habituer à l'idée, nous enseignait déjà André Gorz, qu'*on peut produire mieux et moins ;* et ce serait un malentendu de vouloir interpréter cette affirmation, cette devise d'un des pères fondateurs de *l'Ecologie politique* et, indirectement, aussi de *l'Ecosocialisme*, comme un appel à un ascétisme ; car, comme le souligne à juste titre le programme du FDG, « la

---

[188] *Cf.* le programme du *Front de Gauche*, p. 50.

nécessaire réduction des consommations ne doit pas servir à réduire le niveau de vie des classes populaires, c'est la sobriété énergétique que nous visons : moins de consommation pour les usages identiques. Ce sont les gaspillages ostentatoires des très riches qu'il faut combattre »[189]. L'ensemble de ces mesures devrait aussi, à mon avis, justifier la création d'une *écotaxe* adéquate (rien à voir avec la fameuse taxe carbone de Sarkozy) dont l'instauration s'est avérée efficace, notamment dans les pays scandinaves et en Allemagne.

***

[189] *Op. cit.*., p. 38-39.

IX. Réflexions sur l'écosocialisme

Intervention destinée aux Assises pour l'Ecosocialisme du Parti de Gauche, Paris, 1er décembre 2012

L'ecosocialisme, c'est bien de le rappeler, est bien né au courant des années 70, à l'intersection de *l'écologie politique* naissante avec (1) des courants *socialistes de gauche autogestionnaires* de plus en plus enclins à épouser la cause d'une écologie radicale, sans pour autant vouloir sacrifier des fondamentaux d'un socialisme authentique, et (2) un courant *marxiste internationaliste* s'efforçant, à partir des Etats-Unis, d'opérer une synthèse des principaux concepts et valeurs d'un marxisme-socialisme (libéré de ses scolies productivistes) avec les valeurs de l'écologie politique. Il existent donc plusieurs versants et courants écosocialistes dans le monde, dont les courants représentés en France, par René Dumont et André Gorz, par David Pepper, en Angleterre, ainsi que le courant représenté aux Etats-Unis par Joël Kovel (relayé en France par Michael Löwy), sont les plus significatifs.(Ces deux derniers sont aussi les auteurs du *Manifeste écosocialiste*, publié en 2001). Or, il existait aussi, dans les années 80/90, un courant *écosocialiste-marxiste* important en Allemagne, dont le principal représentant était Rudolf Bahro, le célèbre dissident de l'Allemagne de l'Est. Il s'est manifesté au sein même du parti « Die Grünen » qui a pourtant, majoritairement, refusé d'adhérer aux idées et propositions politiques de ce courant, contraignant finalement Rudolf Bahro à quitter ce parti.

Incontestablement, la prise de conscience des effets de plus en plus catastrophiques du *réchauffement climatique* pour l'humanité tout entière et de la responsabilité indéniable du capitalisme pour la dégradation et destruction progressive de l'écosphère ont joué le rôle de catalysateurs dans la genèse et l'ascension politique et organisationnelle de ce mouvement écosocialiste, qui est pourtant resté un courant minoritaire, en Amérique, comme en Europe, pen-dant tout le temps où les grands partis « verts » ont connu un progression constante de leurs effectifs et de leurs élus, au niveau local et national.

Son grand problème était que ce courant s'est construit, dès le départ, non seulement en opposition radicale et farouche aux partisans et défenseurs d'une « écologie profonde » d'orientation pan-naturaliste, anti-anthropologique et antihumaniste, qui prônait, comme le faisait le norvégien Arne Naess, un retour romantique à la nature, en voulant mettre l'homme, comme être et création de la nature, à égalité quasi totale avec les animaux et les plantes, mais aussi en opposition aux courants anarchisants, libertaires revendiquant, dans le sillage de Bookchin, une *écologie sociale*, fondée sur un municipalisme écologico-libertaire. Cela posait des limites à la progression des idées écosocialistes, surtout aux Etats-Unis.

En France, en revanche, l'essor qu'a connu l'écologie politique mais aussi le courant écosocialiste, dans les années 80 et 90, est incontestablement non seulement l'œuvre d'une mobilisation écologique de plus en plus vaste, notamment dans le cadre de la mobilisation des nombreuses associations écologistes contre les centrales nucléaires et le « tout nucléaire » dans l'économie énergétique française (je rappelle la campagne contre la centrale de Fessenheim !), mais aussi et surtout de deux grandes personnalités et intellectuels, grandis dans la mouvance d'un socialisme de gauche autogestionnaire, mais simultanément très engagés pour la cause de l'écologie, à savoir René Dumont et André Gorz. Dans ce contexte précis, la publication, en 1975, par André Gorz, du livre *Ecologie et Politique,* était un événement de tout premier ordre, puisque c'était un livre qui changea la donne, par sa réactualisation originelle des principales revendications écologistes, et en donnant en même temps à ce mouvement un nouvel élan théorique. Partageant avec René Dumont la critique radicale du *nucléaire* (qu'il appelait aussi « l'électro-fascisme »), du *productivisme,* de la *croissance* et du *consumérisme* ainsi que l'idée que nous nous trouverions déjà au seuil d'une nouvelle civilisation congédiant les valeurs de la société capitaliste de consommation, Gorz articule sa propre critique du capitalisme avancé avec les critiques radicales formulées par Ivan Illich, p.ex. au système de santé, à l'école etc.

Dans ses premiers livres (*Stratégie ouvrière et néo-capitalisme* (1964) ; *Le socialisme difficile* (1967) et *Réforme et Révolution* (1969), Gorz s'était encore positionné, notamment avec sa théorie du « réformisme-révolutionnaire », comme théoricien et intellectuel marxiste de la *gauche de la gauche,* ayant été très influencé, comme avant lui déjà René Dumont, par la théorie de l'autogestion du PSU (Il Manifesto). Après son tournant vers l'écologie, cet engagement théorique ne sera pas complètement abandonné ; il sera toujours présent, essentiellement, sous la forme d'un *anticapitalisme* radical et de l'assignation de la responsabilité du capitalisme pour la crise écologique. Il se permet cependant, avec la publication de son livre *Adieux au prolétariat ?* (Galilée, 1980), quelques critiques de l'orthodoxie marxiste, en reformulant la critique du stalinisme et du bureaucratisme étatique de l'URSS et des pays du « socialisme réellement existant », tout en rejetant, dans l'affirmation des valeurs d'un socialisme démocratique, le réformisme de la socialdemocratie[190].

---

190 *Cf.* à ce propos, Arno Münster, *André Gorz ou le socialisme difficile*, Nouvelles Editions Lignes, 2008.

Dans le cadre de cette critique, il va aussi jusqu'à mettre en cause certains dogmes sacro-saints du néo-marxisme contemporain (dans ses diverses facettes), notamment à propos de la théorie du *prolétariat* comme principal sujet des transformations économico-sociales. Le prolétariat ne pouvait plus être considéré, selon Gorz, comme le seul et unique sujet de la révolution sociale à venir, telle que Marx l'avait enseignée, parce que sous les conditions de l'automatisation et de la robotisation (progressive) de la production industrielle du capitalisme avancé, ce qui était autrefois la « classe des prolétaires » chez Marx, au 19e siècle, n'a absolument plus, comme l'évolution de nos sociétés de consommation, depuis 1968, l'a clairement montré, la *conscience révolutionnaire* qu'avaient encore les travailleurs industriels des entreprises, à l'époque de l'accumulation forcée du Capital. Par conséquent, cette *classe* qui selon Marx et les « marxistes » du XXe siècle, devait toujours se trouver à l'avant-garde du combat pour l'émancipation du travail de l'aliénation et de l'exploitation, ne peut plus jouer, aujourd'hui, c'est la ferme conviction d'André Gorz, le rôle qu'elle jouait, incontestablement, encore chez Marx. Elle a été, comme conséquence de toute une série de transformations technologiques et sociales, intervenues dans la seconde moitié du XXe siècle, de plus en plus substituée par une sorte de « non classe des néo-prolétaires »[191] constituée par des travailleurs occasionnels, des chômeurs, des précaires, des marginalisés. André Gorz se démarque ainsi de Marx et des marxistes, en prophétisant l'avènement inéluctable d'une *société sans travail*[192],

[191] *Cf.* André Gorz, *Adieu au prolétariat ? Au-delà du socialisme*, Paris, Galilée, 1980.

[192] *Cf.* André Gorz, *Métamorphoses du travail. Quête du sens. Critique de la raison économique,* Paris, Galilée, 1988, rééd. Gallimard « Folio-essais », 2004. *Cf.* aussi André Gorz, « Penser

précédée sans nul doute d'une période antérieure – transitoire - marquée par une très forte réduction du travail hebdomadaire, d'actuellement 35 heures à 20 heures (!), et en revendiquant l'institution d'un *revenu d'existence.* Car, sans nul doute, mieux que tout autre, Gorz avait prévu, avec ses analyses bien documentées, la « révolution du temps libre » créée par le nombre toujours croissant d'hommes et de femmes vivant en dehors du processus de production, en dehors des usines et des bureaux, suscitant, entre autres, le problème de la gestion des *loisirs.* Faisant preuve d'une force de visionnaire tout à fait exceptionnelle, André Gorz était aussi parmi les premiers théoriciens critiques à s'apercevoir de la transformation du capitalisme avancé en un *capitalisme financier de la spéculation bancaire* (opérant de plus en plus avec du capital fictif) et en un *capitalisme cognitif* fondé sur une économie de *l'immatériel.* Ce qui lui a aussi permis de prévoir la crise des « subprimes » d'octobre 2008 aux Etats-Unis, et ses conséquences néfastes pour le système bancaire mondial…En redéfinissant l'écologie comme une « éthique de la libération »[193], Gorz était ainsi parvenu, dans ses tout derniers écrits, à la conviction que la sortie du capitalisme avait en réalité déjà commencé , parce que par son développement même le capitalisme a atteint une limite tant interne qu' externe qu'il est incapable de dépasser et qui en fait un système qui survit par des subterfuges à la crise de ses catégories fondamentales : le travail, la valeur, le capital. Un exemple : Avec le recyclage bancaire de plus-values fictives, « l'économie réelle devient, dit-il, « un appendice des bulles spéculatives entretenues par l'industrie financière.

---

l'exode de la société de travail et de la marchandise », Mouvements » n° 50, juin 2007.

[193] *Cf.* l'entretien de Marc Robert avec André Gorz in « Ecorev » °28, novembre 2007, p. 83-87.

Jusqu'au moment inévitable, où les bulles éclatent, entraînant les banques dans des faillites en chaîne, menaçant le système mondial de crédit d'effondrement, et l'économie réelle d'une dépression sévère et prolongée (la dépression japonaise dure déjà depuis bientôt quinze ans). »[194] Croyant comme Illich dans le potentiel inépuisable des ressources humaines, de la coopération et de la créativité humaine, Gorz semble aussi être persuadé que cet « excédent des ressources » humaines pourrait devenir productif dans une économie *autre* « où la création de richesses n'est pas soumise aux critères de rentabilité ». Autrement dit, dans une *économie écologique, sociale et solidaire* où tout sera produit dans des ateliers coopératifs ou communaux et « où les activités de production pourront être combinées avec l'apprentissage et l'enseignement, avec l'expérimentation et la recherche, avec la création de nouveaux goûts, parfums et matériaux, avec l'invention de nouvelles formes de technique d'agriculture, de construction, de médecine, etc. Les ateliers communaux d'autoproduction seront interconnectés, à l'échelle du globe, et pourront échanger ou mettre en commun leurs expériences, inventions, idées, découvertes. Le travail sera producteur de culture, l'autoproduction d'un mode d'épanouissement »[195]. Ce ne sont pas des rêveries utopiques abstraites d'un « visionnaire », mais des propositions concrètes qui, depuis, ont déjà partiellement été mises en œuvre, notamment avec la création des « Fablabs », aux Etats-Unis, en 1998 [196] : « ces ateliers composés de machines-outils pilotées par ordinateur,

[194] *Cf.* André Gorz, « Le travail dans la sortie du capitalisme », in « Ecorev » n° 28, novembre 2007, p. 10.
[195] Article cité, *Op. cit..*, p. 14.
[196] *Cf.* Jérôme Gleize, « Le potentiel subversif des FabLabs comme mode de production », in *Ecorev* n° 37, août 2011, p. 78-81.

pouvant fabriquer à la demande des biens de nature variée et singulière, sont une alternative à l'usine, productrice de biens uniformes de masse. » Leur généralisation pourrait donc bien inaugurer et mettre en œuvre, à long terme, une révolution du mode de production capitaliste « traditionnel » et sa substitution par un mode de production autonome, autogestionnaire, décentralisé et démocratique[197].

---

[197] *Cf.* Arno Münster, *Pour un socialisme vert. Vers la société écologique par la justice sociale.(Contribution à la critique de l'écologie politique),* Lignes, 2012, pp. 96-100)

X. Proposition de texte pour un nouveau manifeste écosocialiste

(à la suite des « Assises pour l'écosocialisme, à Paris, le 1er décembre 2012)

Préambule

Depuis l'invention du mot « socialisme » par Robert Owen, en 1834, *socialisme* désigne une doctrine et une théorie de *l'émancipation* liée à un mouvement social ascendant revendiquant l'égalité, la fraternité et la justice sociale ainsi que le *bonheur* pour tous, dans un monde *autre*, libéré de la domination de l'argent, de la servitude, de *l'aliénation* et de l'exploitation des travailleurs et des pauvres par les riches, les possédants et les détenteurs du Capital. Porté par le mouvement ouvrier, une partie de la petite bourgeoisie et l'intelligentsia révolutionnaire, le socialisme (communisme) incarnait, tout au long des XIXe et XXe siècles, l'espoir des sous-privilégiés de briser les chaînes de cette domination, afin de pouvoir inaugurer une nouvelle ère pour l'humanité tout entière.

Or, au courant du XXe siècle, devenu le laboratoire de l'expérience et de la réalisation historique de l'idée du socialisme/communisme, l'image du socialisme a été, malheureusement, ternie et détériorée *et* par la dégénérescence de l'Etat soviétique, issu de la Révolution d'Octobre, en une dictature bureaucratique, stalinienne, à savoir la dictature des apparatchiks du Parti unique, instaurant, sur les ruines du régime tsariste autocratique, un pouvoir étatique totalitaire, *et* par l'action politique de la social-démocratie, se contentant chaque fois, dès l'arrivée au gouvernement, à gérer docilement les affaires du capitalisme, en ne réalisant que quelques réformes insignifiantes et en oubliant vite les promesses données aux masses, pendant les campagnes électorales.

Indéniablement, de ces deux faits historiques, la bourgeoisie et la droite conservatrice et libérale ont pu tirer le maximum de profit, pour consolider leur pouvoir économique, idéologique et culturel, notamment après la chute du mur de Berlin et l'implosion de l'ex-Union soviétique, et pour imposer le système du capitalisme néo-libéral aux ex-pays socialistes de l'Est, mais sans pouvoir maîtriser pour autant les effets négatifs et désastreux de la *crise écologique* et de la *crise financière (bancaire)* mondiale.

La refondation écologique du socialisme

Si ces deux faits justifient déjà à eux seuls la nécessité d'une *refondation du socialisme,* sur de nouvelles bases théoriques, sur les ruines du stalinisme et du réformisme social-démocrate, la *crise écologique*, à savoir celle de la raréfaction des ressources énergétiques fossiles (naturelles), et la prise de conscience des grands dangers pour la survie de l'humanité, déclenchée par le réchauffement climatique de la planète (Terre) et la prolifération nucléaire, ont fourni maints arguments supplémentaires pour une reformulation du *projet socialiste,* dans une perspective *écologique* qui devrait nécessairement déboucher sur le projet d'une *synthèse entre le socialisme et l'écologie politique.* Ainsi, on a vu émerger, au courant des années 70, après le mai 68 et la guerre du Vietnam, pour l'essentiel, deux courants écosocialistes, presque simultanément, à la gauche du mouvement écologique *in statu nascendi* et dans les courants d'un marxisme radical : 1) un courant *écosocialiste marxiste (internationaliste)*, s'appuyant, théoriquement, essentiellement sur les écrits de Marx et les passages des *Manuscrits de 1844* et du *Capital* dénonçant le potentiel destructeur de la nature et de l'environnement d'un capitalisme effréné, toujours avide de l'exploitation des ressources naturelles ainsi que l'infinitisme productiviste (courant dont les principaux représentants aux Etats-Unis, au Brésil et en France sont Joël Kovel et Michaël Löwy), et un courant écologique socialiste de gauche, autogestionnaire, articulant surtout le mouvement de protestation contre les centrales nucléaires en France avec la revendication de la *décroissance*, avec un *tiers-mondisme* anticolonialiste écologiste, résolu à combattre la destruction systématique des *écosystèmes* et de l'agriculture des pays africains par les multinationales par les multinationales (*cf.* René Dumont, André Gorz). Tous deux avaient (ont) une orientation anti-capitaliste.

Tandis que le premier courant (marxiste-internationaliste), organisé autour du *Réseau Ecosocialiste International*, composé essentiellement d'intellectuels de gauche radicaux nord-américains, canadiens et brésiliens, a pu se réaffirmer, par la publication, par Joël Kovel et Michael Löwy, d'un *Manifeste écosocialiste*, en 2001, le second courant (écosocialiste, autogestionnaire) a été porté, en Europe, au courant des années 80 et 90, essentiellement, par un mouvement écologique majoritairement d'orientation réformiste (*Les Verts, Europe Ecologie/Les Verts*), et en même temps renforcé, sur le plan des idées, par les publications d'André Gorz.[198]

Dans la *Déclaration écosocialiste de Belem* (2009), le mouvement écosocialiste avait été défini comme un mouvement « visant à stopper et à renverser le processus désastreux du réchauffement global en particulier et l'*écocide capitaliste* en général, et à construire une

---

[198] *Ecologie et Politique*, 1975 ; *Capitalisme, Socialisme, Ecologie*, 1991.

alternative radicale au système capitaliste. » Et il a été décrit comme un mouvement qui « s'enracine dans une économie transformée, fondée sur des valeurs de justice sociale et d'équilibre écologique. Il critique « l'écologie du marché » capitaliste et le *productivisme* et redéfinit le chemin et le but du socialisme dans un cadre écologique et démocratique. »[199]

Depuis cette déclaration solennelle, toute une série d'événements et de catastrophes écologiques, intervenus ces dernières années, et en premier lieu, celle de FUKUSHIMA, ont conforté les opposants à la mondialisation capitaliste néo-libérale et les partisans de *l'écosocialisme* dans leur conviction qu'il ne suffit plus de dénoncer les irresponsabilités gouvernementales, p.ex. celles des grands trusts multinationaux et du capitalisme en général, en matière de destruction de l'environnement et des ressources naturelles, accélérant ainsi la marche inéluctable de notre globe vers l'écocide et la catastrophe écologique totale, mais qu'il faudrait enfin prendre des *mesures d'urgence* destinées à réduire de manière significative les émissions de gaz à effet de serre (CO2), à sortir du nucléaire, et à promouvoir les énergies renouvelables, etc.

Or, les grandes conférences internationales récentes, comme p.ex. le *sommet climatique de Copenhague* (2010), celui de Durban (2011) et, tout récemment, celui de *Dohan (Qatar)*, ont révélé l'incapacité des gouvernements responsables des excès de pollution sur notre globe (les Etats-Unis et surtout la Chine), de s'engager pour une limitation significative des émissions CO2, en fixant des dates et des quotas précises. On continue donc de polluer,à grande échelle, avec le maintien de complexes chimi-ques qui sont des véritables mégamachines industrielles de la pollution, sans se soucier des graves conséquences

---

[199] *Cf.* M. Löwy, *Ecosocialisme..*, p.211.

néfastes de cela pour les populations locales concernées et pour l'humanité tout entière, sans se soucier aussi des conséquences vraiment dramatiques qu'aura l'augmentation de la température du globe, d'ici à l'an 2050, de 4 ° C°, à savoir, l'élévation significative du niveau de la mer, l'inondation d'un grand nombre de grandes villes (Venise, Hongkong, Rio de Janeiro, etc.)

La planification écologique

Seule l'instauration d'une PLANIFICATION ECOLOGIQUE prenant en compte tous ces risques, toutes ces évolutions, tous ces dangers, et s'engageant en même temps pour des propositions et des décisions concrètes d'urgence peut encore éviter cette catastrophe. Ce qu'il nous faut, ce n'est donc pas l'adhésion au *Principe de Responsabilité* de Hans Jonas, fondé sur une *heuristique de la peur* et l'évaluation des dégâts prévisionnels causés par l'irresponsabilité écologique pour les générations futures, mais une *planification écologique* rationnelle et responsable nécessitant, comme le propose le *Parti de Gauche*, la création d'un *Pôle Financier européen,* permettant de financer les mesures écologiques et économiques urgentes et indispensables, comme par exemple le développement des énergies non fossiles renouvelables, l'extension massive du parc des *éoliennes* et la promotion du *photovoltaïque*, permettant de résoudre à long terme le problème du chauffage des appartements. Ces propositions ne sont nullement *utopiques* mais le résultat d'une réflexion critique et approfondie sur les mesures les plus urgentes à prendre, dès maintenant, hic et nunc, pour sauver les *écosystèmes,* le *climat*, *l'accès à l'eau et à l'air*, pour les populations les plus menacées par l'écocide commis par le capitalisme.

En outre, l'instauration d'un *gouvernement écosocialiste* comportera aussi l'encouragement à la création, à une vaste échelle, de *coopératives ouvrières* et d'*ateliers communaux coopératifs* (autogérées) devant substituer, à long terme, les mégamachines industrielles génératrices des pires formes d'*exploitation* et d'*aliénation* des travailleurs par la division du travail et le travail à la chaîne. Il s'engagera aussi à *nationaliser* les banques responsables des pires formes de spéculation et des bulles financières (constituées par du capital fictif) créées par l'octroi massif (complètement irresponsable) de crédits toxiques aux ménages incapables de rembourser ces « dettes ».

Il fera aussi tout pour promouvoir une véritable *démocratie citoyenne,* que ce soit sous la forme de la *démocratie participative* ou celle d'autres formes organisationnelles de *contrôle* des décisions politiques, prises dans le cadre de la démocratie représentative, par les citoyens, à la base (*Référendums,* etc.).

Comme Jean-Luc Mélenchon l'a souligné, dans son interview accordée au journal « Libération », le 30 novembre 2012, à la veille des *Assises pour l'écosocialisme*, l'écosocialisme est « le but émancipateur du socialisme agissant dans le cadre de l'impératif écologique »[200]. Il se base sur des outils simples d'usage : « l'implication citoyenne sur tous les sujets et en tous lieux, la planification écologique et la règle verte comme arbitre de toute décision. » Les Verts ont ouvert le chemin, à nous d'aller beaucoup plus loin, sans compromissions politiques avec la droite ou une social-démocratie soumise aux impératifs du néo-libéralisme, pour sortir du capitalisme, pour sortir définitivement du productivisme et pour construire ensemble une société du

200 *Cf.* Jean-Luc Mélenchon, *La règle verte. Pour l'écosocialisme,* Café République, Bruno Leprince, Paris, 2012).

« Bien Vivre » (Paul Ariès, Jacques Testart), de la justice sociale, de la fraternité et de la convivialité (Illich, Gorz) et du respect des Biens communs mondiaux. Incontestablement, la prise de conscience des effets de plus en plus catastrophiques du réchauffement climatique pour l'humanité tout entière et de la responsabilité indéniable du capitalisme pour la dégradation et la destruction progressive de l'écosphère ont joué le rôle de catalyseurs dans la genèse et l'ascension politique et organisationnelle de ce mouvement *écosocialiste* qui, avec les *Assises de l'écosocialisme,* organisées à Paris, le 1er décembre 2012, et l'inscription officielle de *l'écosocialisme* dans le programme politique du « Parti de Gauche », s'est subitement transformé, en France, en un grand mouvement et courant politique porté par les militants du « Front de Gauche » qui a immédiatement aspiré aussi un certain nombre de militants écologistes d'*Europe Ecologie/Les Verts*, des militants dissidents du NPA ainsi qu'un certain nombre de militants des « Alternatifs » . La voie a été ainsi ouverte à un *grand rassemblement des forces socialistes (de gauche) et écologistes*, sous le drapeau du « Front de Gauche », qui poursuit désormais l'objectif de devenir non seulement, tôt ou tard, la *première et principale force politique à gauche,* dans l'Hexagone (pouvant intégrer aussi, éventuellement, la gauche du *Parti Socialiste)*, mais d'être aussi en mesure de pouvoir constituer un jour, et cela dans un avenir pas trop lointain, un véritable *gouvernement de la vraie gauche*, en substitution de l'actuel gouvernement social-démocrate soumis aux impératifs de la grande finance et menant une politique *austéritaire* très impopulaire. Evidemment, il s'agit ici non seulement d'un programme de mobilisation politique destiné à gagner les élections futures (face à un Parti Socialiste en chute libre dans les sondages et face à une droite et une extrême-droite revancharde et agressive), mais de construire une société du *Bien-Vivre*, mais où le « Bien-vivre » n' est pas le bien-être au sens de la société de consommation occidentale »[201], mais sera la conséquence du changement civilisationnel vers une société écologiste, fondée sur une économie écologiste, sociale et solidaire, qui est déjà amorcé.

***

Arno Münster
Nice, le 1er février 2013

[201] *Cf. L'Appel des gauches antiproductivistes et objectrices de croissance à voter pour Jean-Luc Mélenchon et le Front de Gauche* du 14 mars 2012, reproduit in : J.-L. Mélenchon, *La règle verte. Pour l'éco-socialisme*, Café République, Bruno Leprince, Paris, 2012.

Conclusion. Quelles perspectives politiques pour l'écosocialisme, aujourd'hui ?

Un an après l'échec de Sarkozy aux élections présidentielles françaises, nous sommes de nouveau confrontés, ici en France, à une situation où l'euphorie temporaire déclenchée par le succès des socialistes aux élections présidentielles et législatives, a été substituée par la *déception* et la *désillusion* des masses, face à la gestion d'un gouvernement « socialiste » qui, en rupture flagrante avec les promesses données pendant la campagne électorale (où le candidat Hollande avait promis de « faire payer les riches »), continue de mener la politique néo-libérale de son prédécesseur, dans la tradition réformiste sociale-démocrate, en subordonnant ses choix et orientations économiques et sociales aux impératifs des marchés financiers. La capitulation devant les exigences de la « troïka » (FMI, Banque Mondiale, BCE), le refus des nationalisations (p.ex. dans l'affaire Acilor-Mittal), le refus d'une taxation lourde des riches et des hauts revenus ainsi que les attaques fiscales contre le pouvoir d'achat des retraités (par le biais d'une politique fiscale très discutable et injuste) sont bien les conséquences de cette *politique d'austérité* qui, à long terme, ne peut que provoquer le retour aux affaires de la droite conservatrice-libérale et le renforcement dangereux de l'extrême droite. Gouvernant de facto sans aucun programme précis, sans aucun projet d'avenir convaincant, et sans aucune imagination, devenu cet « astre mort qui navigue dans le vide sidéral qu'il a lui-même tendance à accroître », marchant dans les traces de Tony Blair et de Gerhard Schröder, la *social-démocratie* nous donne de nouveau, mais pas du tout pour la première fois, dans l'histoire, le triste spectacle d'une gestion où l'on a changé encore une fois le personnel politique, sans changer radicalement la politique. C'est pour cette raison

là que le gouvernement socialiste de François Hollande ayant opté pour une politique d'austérité qui frappe durement et prioritairement les faibles et les sous-privilégiés, sans faire payer réellement les conséquences néfastes de la crise aux riches et aux classes privilégiées, sera à coup sûr sanctionné, après avoir conduit le pays sur le plan intérieur dans une impasse totale (chômage accru, augmentation sensible de la précarité et de la pauvreté).
Dans cette situation difficile qui est celle d'une gauche réformiste qui « écoeure » (A. Tosel), et qui n'a pas su adapter sa politique aux urgences économiques et sociales du pays, il est plus que jamais nécessaire de rassembler les forces politiques lucides et critiques organisées ou non organisées, refusant cette politique d'austérité, autour d'un pôle politique dynamique et lucide apte à donner les vraies orientations économiques et politiques d'une véritable politique socialiste attachée au progrès social, et à conduire le pays hors de l'impasse dans lequel il se trouve.
Par conséquent, seule l'installation au pouvoir d'un *gouvernement écosocialiste*, piloté par le *Front de Gauche* et ses composantes, sera à même d'imposer contre les exigences de la droite et du capital financier et contre la résistance des sociaux-démocrates au pouvoir, la *planification écologique*, dont notre pays a besoin, en appliquant partout où cela est possible, la *règle verte* dans le domaine de la production, à savoir un *mode de production écologique et socialiste*, en préparant *la sortie progressive du nucléaire* et en mettant en œuvre les mesures nécessaires pour *une agriculture écologique* excluant les ONG. Ce gouvernement *écosocialiste* s'opposera aussi énergiquement à tous les grands projets inutiles (type aéroport Notre-Dame-des-Landes), à la *déforestation* et à toutes les formes de *destruction des écosystèmes,* dans la sphère Nord comme dans la sphère Sud où les multinationales continuent de piller les

ressources énergétiques des pays du Tiers-monde, en créant de véritables désastres écologiques, comme par exemple celui du delta du Niger. Il combattra aussi, énergiquement, les inégalités sociales aggravées ces dernières années, par la politique néo-libérale du gouvernement Sarkozy. Placé devant l'alternative historique : *écosocialisme ou barbarie*, ce gouvernement *écosocialiste*, la seule alternative à la catastrophe écologique du capitalisme et à ses injustices, prendra toutes ses responsabilités pour arrêter (et il est fort temps de le faire maintenant aussi vite que possible) la *course de l'humanité vers l'écocide* et vers l'abîme, réduisant de façon drastique les émissions de gaz à effet de serre, en développant les énergies alternatives renouvelables (*éoliennes*,capteurs *photovoltaïques*, ressources *géothermiques, etc.*), en développant le *ferroutage* et en ré-humanisant la terre et les villes (devenues de plus en plus inhabitables à cause de la pollution), par la création, à grande échelle, d'espaces verts, d'*écovilles* et d'*éco-villages*, et d'*éco-quartiers*, démocratiquement autogérés par les citoyens et citoyennes. Il est évident que cette alternative écologiste et socialiste au capitalisme néo-libéral et à la dictature des marchés financiers ne peut être créée dans un seul pays ; elle ne peut que s'installer, à l'échelle internationale, par un mouvement internationaliste dépassant les frontières de l'Etat national et faisant fusionner les diverses initiatives politiques écosocialistes de plusieurs pays. Elle ne peut pas être créée non plus dans le cadre limité d'un seul parti politique (néo-jacobin, souverainiste et populiste) ayant inscrit (tardivement) l'écosocialisme dans son programme ; elle ne peut être construite que par la mobilisation de toutes les forces opposées au capitalisme, à l'oligarchie financière et à l'écocide, dans l'union des forces du pôle écologique avec celles du pôle socialiste (de gauche) et la grande masse d'inorganisés victimes de la crise et de la politique d'austérité.

C'est le capitalisme qui en poussant l'exploitation des ressources naturelles et la pollution atmosphérique jusqu'au paroxysme, a mis en cause l'avenir de l'humanité et le *bien être* des générations futures. C'est *l'écosocialisme* qui arrêtera cette course infernale vers l'abîme, en instaurant un nouvel ordre économique et social, plus juste, plus écologique et plus fraternel. *Ecosocialisme ou barbarie* !

Arno Münster
Nice, le 31 janvier 2013

BIBLIOGRAPHIE

Adorno (Theodor W.), *Théorie esthétique,* trad. de l'allemand par Marc Jimenez, Klincksieck, Paris, 1974.

Ariès (Paul), *Décroissance ou barbarie,* Lyon, Golias, 2005.

Bahro (Rudolf), *L'Alternative : pour une critique du socialisme existant réellement*, trad. de l'allemand, sous la direction de Patrick Charbonneau, Paris, Stock, 1979.

Bahro (Rudolf), *Building the Green Mouvement*, London, 1986.

Bloch (Ernst), *L'Esprit de l'utopie*, trad. de l'allemand par A.M. Lang, Gallimard, Paris, 1977.

Bloch (Ernst), *Le Principe Espérance*, tome I-III, trad. de l'allemand par Françoise Wuilmart, Gallimard, Paris, 1976, 1981, 1991.

Bookchin, (Murray)/Foreman (Dave), *Quelle Ecologie radicale ? (Ecologie sociale et écologie profonde en débat),* Atelier de création libertaire, Lyon, 1994.

Bookchin, Murray, *Qu'est-ce que l'écologie sociale ?,* Lyon, Atelier de création libertaire, 1994.

Dumont (René), *L'utopie et la mort,* Paris, Le Seuil, 1977.

Dumont (René), *L'écologie socialiste*, Paris, Le Seuil, 1974.

ECOREV (Revue de critique de l'écologie politique)(1999 -)

Gay (Vincent) (coord.), *Pistes pour un anticapitalisme vert,* Paris, Syllepse, 2010.

Gorz (André), *Ecologica*, Paris, Galilée, 2008.

Gorz (André), *Ecologie et Politique*, Galilée, Paris, 1975 ; rééd., Le Seuil, Paris, 1978.

Gorz (André), *Ecologie et Liberté*, Galilée, 1977.

Gorz (André), *Adieux au prolétariat ? Au-delà du socialisme*, Galilée, 1980 ; rééd., 1981.

Gorz (André), *Les Chemins du paradis. L'agonie du Capital,* Galilée, 1983 ;
Gorz, André, *Métamorphoses du travail. Quête du sens. Critique de la raison économique,* Galilée, 1988 ;rééd., Gallimard, « Folio-Essais », 2004 ;
Gorz (André), *Capitalisme, Socialisme, Ecologie*, Paris, Galilée, 1991.
Gorz (André), *Misère du présent. Richesses du possible*, Galilée, 1997.
Grange (Juliette), *Pour une philosophie de l'écologie*, Paris, Pocket, 2012.
Grange (Juliette)/Musso (Pierre)(sous la direction de), *Les Socialisme. Avant-propos de Vincent Peillon)* (Actes du Colloque de Cérisy-la-Salle), Le Bord de l'eau, Lormont, 20
Jonas (Hans), *Le Principe Responsabilité,* trad. par Jean Greisch, Paris, Le Cerf, 1990.
Kempf (Hervé), *Pour sauver la planète, sortez du capitalisme*, Paris, Le Seuil, 2009.
Kempf (Hervé), *Comment les riches détruisent la planète*, Paris, le Seuil, 2007.
Kovel (Joël), *The Ennemy of Nature. The end of capitalism or the end of the world ?*, New York, Zed Books, 2002.
Kovel (Joël)/Löwy (Michael), *Manifeste écosocialiste international,* 2001.
Latouche (Serge), *Petit Traité de la décroissance*, Paris, Mille-et-une Nuits, 2007.
Latouche (Serge), *Antiproductivisme, altermondialisme, décroissance*, 2006.
Latouche (Serge), *Le Pari de la décroissance,* Paris, Fayard, 2006.
Lavignotte (Stéphane), *La décroissance est-elle souhaitable ?*, Paris, Textuel, 2010.

Lipietz (Alain), *Verte Espérance, L'avenir de l'Ecologie politique*, La Découverte, 1993.
Löwy (Michael), *Ecologie et Socialisme,* Paris, Syllepse, 2005.
Löwy (Michael), *Ecosocialisme. L'alternative radicale à la catastrophe écologique capitaliste*, Paris, Mille-et-une-Nuits, 2011.
Marx (Karl), *Le Capital*, Paris, Editions Sociales, 1969.
Mélenchon (Jean-Luc), *La Règle verte. Pour l'éco-socialisme,* Café République, Bruno Leprince, Paris, 2012.
Mélenchon(Jean-Luc), *L'autre gauche, Café République,* Bruno Leprince, 2009.
Morel Darleux (Corinne), *L'écologie, un combat pour l'émancipation.* (Préface de Jean-Luc Mélenchon)*,* »Politique à gauche », Bruno Leprince, Paris, 2012.
Münster (Arno), *L'utopie concrète d'Ernst Bloch. Une biographie*, Kimé, Paris, 2001.
Münster (Arno), *Figures de l'utopie dans la pensée d'Ernst Bloch,* Aubier, Paris, 1985 ;rééd., avec une nouvelle préface, Hermann, Paris, 2009.
Münster (Arno), *André Gorz ou le socialisme difficile*, Paris, Lignes, 2008.
Münster (Arno), *Réflexions sur la crise. Ecosocialisme ou barbarie*, Paris, L'Harmattan, 2009.
Münster (Arno), *Principe Responsabilité ou Principe Espérance ? (H. Jonas – G. Anders –E. Bloch),* Lormont, Le bord de l'eau, 2011.
Münster (Arno), *Pour un socialisme vert. Vers la société écologique par la justice sociale. Contribution à la critique de l'écologie politique,* Lignes, Fécamp, 2012.
Naess (Arne), *Vers l'écologie profonde (1*992), tr. fr., Editions Wildproject, Marseille, 2009.
Naess (Arne), *Ecologie, Communauté et Style de vie*, trad. de l'américain de Charles Ruelle, Editions MF, 2008

O'Connor (James), *Natural Causes. Essays in ecological marxism,* New York, The Guilford Press, 1998.
Pepper (David), *Eco-Socialism. From deep ecology to social justice*, London, New York, Routledge, 1993.
Pepper (David), *Roots of Modern Ennvironmentalism,* London, New York, Routledge, 1999.
Singer (Daniel), *A qui appartient l'avenir ? Pour une utopie réaliste*, Bruxelles, Complexe, 2004.
Singer (Peter), *La libération animale,* trad. de l'anglais par Louise Rousselle, Paris, Grasset, 1993.
Tanuro (Daniel), *L'impossible Capitalisme vert*, Paris, La Découverte, 2010 (Préface Michel Husson).

TABLE DES MATIÈRES

Sociologie et questions de société aux éditions L'Harmattan

Dernières parutions

PRÉCARITÉS ET MARGINALITÉS AU QUOTIDIEN
Verite Catherine, Texier Jean-Pierre
Ces textes dévoilent des configurations sociales très variées, de nouvelles formes de précarité vécues au quotidien par les franges les plus fragiles de la population, que la période de crise que nous traversons actuellement exacerbe.
(Coll. Dossiers Sciences Humaines et Sociales, 20.00 euros, 206 p.)
ISBN : 978-2-336-00921-6, ISBN EBOOK : 978-2-296-51572-7

HISTOIRE DE LA PLURIACTIVITÉ
Du polisseur de pierres au webmaster
Boudy Jean-François
Ce livre retrace la longue histoire de la pluriactivité en France et révèle une réalité beaucoup plus complexe, faite d'un foisonnement de trajectoires. Il fait ainsi apparaître quelques grands types qui ont marqué notre passé, tels le journalier-propriétaire, le tisserand-manoeuvrier, l'artisan-colporteur ou encore l'ouvrier-paysan. Une partie est consacrée à la place méconnue que la pluriactivité a tenue dans les courants d'idées politiques, économiques et sociaux.
(Coll. Logiques sociales, 24.00 euros, 228 p.)
ISBN : 978-2-336-00697-0, ISBN EBOOK : 978-2-296-51538-3

AUTOMÉDIATISATION (L')
Une autre forme de communication sociale
Amara Mohamed
L'automédiatisation est une demande de communication sociale qui, grâce à l'usage de la vidéo, permet aux personnes filmées, de s'approprier leurs discours et leurs relations. L'ouvrage se centre sur l'utilisation de cette démarche dans les dispositifs d'insertion. Comment l'outil vidéo crée-t-il et renforce-t-il les liens entre les participants d'un groupe de parole, comment fait-il évoluer les capacités d'auto-analyse ?
(28.50 euros, 274 p.) ISBN : 978-2-296-99780-6, ISBN EBOOK : 978-2-296-51660-1

HONNEURS ETHNIQUES ET FIDÉLITÉ
Des migrants aux diasporas africaines
Amougou Emmanuel
Les populations immigrées, ou plus précisément les fractions des diasporas mobilisées sur le territoire hexagonal ou ailleurs, entretiennent les mêmes croyances aux appartenances - fictives ou réelles - à base ethnique. Celles-ci constituent un des ressorts essentiels des mobilisations et revendications collectives ou individuelles caractéristiques de ces populations. Ce sont les

mécanismes et les pratiques liés à ces imaginaires, presque massivement partagés, que tente d'explorer cet ouvrage.
(Coll. Pensée Africaine, 18.00 euros, 192 p.)
ISBN : 978-2-336-00707-6, ISBN EBOOK : 978-2-296-51646-5

CONCEPT DE CULTURE (LE) – Comprendre et maîtriser ses détournements et manipulations
Sous la direction de Fred Dervin
Qui utilise la culture comme excuse, pour qui et pour quoi ? Comment la culture est-elle remise en question, négociée, transformée mais aussi manipulée ? Et quelles sont les conséquences pour les acteurs impliqués ? Le concept de culture aurait perdu ses pouvoirs explicatif et interprétatif. Ce concept polysémique et souvent vide de sens n'est-il pas récupéré de façon abusive par les décideurs et les chercheurs eux-mêmes ?
(Coll. Logiques sociales, 20.00 euros, 200 p.)
ISBN : 978-2-336-00908-7, ISBN EBOOK : 978-2-296-51569-7

SOCIALISATION ET VIOLENCES – Violences de l'école, violences à l'école
Sy Harouna
Les rapports de la société avec la violence sont ambigus : la violence est organisatrice de la société tout comme celle-ci est organisatrice de la violence. En révélant qu'au Sénégal chaque groupe social est spécifiquement porteur d'une violence à l'école, les données légitiment la déconstruction de la relation quasi bijective qu'un déterminisme a hâtivement établie entre les classes populaires et la violence comme faits d'apprenants habitant les quartiers et banlieues pauvres.
(32.00 euros, 316 p.) *ISBN : 978-2-296-99551-2, ISBN EBOOK : 978-2-296-51657-1*

UNE ANTHROPOLOGIE DU TATOUAGE CONTEMPORAIN
Parcours de porteurs d'encres
Müller Elise
Le tatouage connaît un vif succès dans notre société. Engagement à vie, il n'autorise guère de retour en arrière. Tour à tour, le tatouage se cache, se dévoile ou s'exhibe. Mais lorsqu'on le montre, que montre-t-on, et que démontre-t-on ? Ces pages le disent bien : c'est une partie de leur identité que les «porteurs d'encres» arborent à fleur de peau. Donnant la parole à tatoueurs et tatoués, cet ouvrage analyse finement cette pratique ancestrale longtemps marginale.
(Coll. Des Hauts et Débats, 17.50 euros, 176 p.)
ISBN : 978-2-343-00043-5, ISBN EBOOK : 978-2-296-51669-4

MÉTHODOLOGIE DE LA RECHERCHE EN SCIENCES SOCIALES
Zagre Ambroise
Ce manuel est destiné à présenter aux étudiants les principales caractéristiques attendues dans un rapport écrit et une soutenance orale de mémoire de maîtrise. Les informations qu'il contient sont à considérer comme des conseils pratiques destinés à faciliter la rédaction, la mise en forme et la lecture du mémoire ainsi que la clarté de l'exposé.
(14.00 euros, 128 p.)
ISBN : 978-2-343-00104-3, ISBN EBOOK : 978-2-296-51712-7

EMPLOI, NE PAS RENONCER
Lafond Eric, Beley Vincent - Préface d'Hervé Sérieyx
Sept millions de chômeurs, à peine 60% de la population active a un travail, telle est la réalité de l'emploi en France. Pourtant, la politique suit obstinément les mêmes méthodes depuis 40 ans. Concevoir la vie professionnelle de façon moins linéaire, définir un nouveau pacte intergénérationnel, simplifier notre fiscalité, faire naître une entreprise qui soit génératrice de richesse et acteur social, repenser l'école. Une nouvelle organisation économique et sociale est une obligation.
(Coll. Questions contemporaines, 14.50 euros, 146 p.)
ISBN : 978-2-336-00824-0, ISBN EBOOK : 978-2-296-51409-6

AGROALIMENTAIRE ET RISQUES SANITAIRES
Retour sur un demi-siècle de défis et de progrès
Rosso Laurent
A quoi devons-nous les crises sanitaires alimentaires des 20 dernières années ? Les risques sont-ils plus faibles aujourd'hui qu'hier ? Pourquoi l'expertise scientifique a-t-elle autant été mise à contribution et parfois critiquée ? L'intensification de la production alimentaire et de la distribution de masse s'est accompagnée de défis sanitaires totalement nouveaux. Ce livre retrace l'évolution de ces enjeux, les solutions mises en oeuvre et les pistes pour demain.
(26.00 euros, 256 p.) ISBN : 978-2-336-29027-0, ISBN EBOOK : 978-2-296-51504-8

MOINS DE CO_2 POUR PAS TROP CHER
Propositions pour une politique de l'énergie
Prévot Henri
La France peut devenir presque autonome en énergie et diviser par trois ses émissions de CO2. Pour cela, elle peut fonder sa transition énergétique sur deux ressources : les énergies renouvelables et l'énergie nucléaire. Un impôt CO2 d'un type nouveau et un mode de financement original diminueront l'incertitude née de l'imprévisibilité du prix du pétrole et nous inciteront tous à faire des investissements utiles et peu onéreux.
(Coll. Intelligence stratégique et géostratégie, 18.00 euros, 176 p.)
ISBN : 978-2-296-99759-2, ISBN EBOOK : 978-2-296-51495-9

FUKUSHIMA – Chronologie d'un désastre nucléaire annoncé
Haber Daniel, De Bonnefoy Raymond
La catastrophe naturelle du 11 mars 2011 au Japon, qui fit des milliers de morts, fut également responsable d'un désastre nucléaire de répercussion mondiale. Quelles sont les causes principales de ce désastre ? Comment les événements se sont-ils réellement déroulés ? Comment a été gérée cette situation de crise ? Quelles sont les conséquences de cette tragédie et quelles sont les leçons à en tirer ?
(15.00 euros, 192 p.) ISBN : 978-2-336-00654-3, ISBN EBOOK : 978-2-296-51408-9

C'EST BIENTÔT LA RENAISSANCE ?
Pour sortir de la crise écologique
Lerond Michel
Michel Lerond publie depuis 5 ans sur son blog des chroniques hebdomadaires concernant l'actualité en environnement et développement soutenable. Les

100 premières avaient été publiées en 2010 sous le titre *Qu'est-ce qu'on attend ?* L'expérience est ici renouvelée avec des chroniques écrites entre 2010 et 2012. Elles sont classées par grandes thématiques : économie, sociétal, environnement, et gouvernance.
(16.00 euros, 156 p.)
ISBN : 978-2-336-29086-7, ISBN EBOOK : 978-2-296-51450-8

UNE SOCIOLOGIE ÉLECTORALE DES COMMUNAUTÉS PLURIETHNIQUES
Zamfira Andreea
Quelle est l'influence du facteur ethnolinguistique sur le comportement électoral ? Afin de répondre à cette question, deux grandes pistes de recherche ont été suivies : d'une part, l'élaboration d'un tableau des comportements électoraux dans les communautés plurilinguistiques et, d'autre part, la construction d'un nouveau modèle d'analyse, capable de restituer la complexité du phénomène du vote dans les pays ayant connu une longue mixité culturelle.
(Coll. Questions contemporaines, 25.00 euros, 250 p.)
ISBN : 978-2-336-00537-9, ISBN EBOOK : 978-2-296-51418-8

FASCINANT / FASCISANT – Une esthétique d'extrême droite
Chevarin Alain
Qu'est-ce qui fait que des gens aussi différents en apparence que des «nationalistes révolutionnaires» adeptes de rock et de cérémonies païennes, des catholiques intégristes rêvant d'oriflammes et des vitraux de Chartres, des conservateurs férus de mélodies et de couchers de soleil peints, peuvent se trouver liés et alliés au sein des extrêmes droites dans leurs détestations en matière d'art ? Cet ouvrage aborde les principaux aspects des conceptions culturelles et artistiques des extrêmes droites françaises.
(Coll. Questions contemporaines, 26.00 euros, 252 p.)
ISBN : 978-2-336-00531-7, ISBN EBOOK : 978-2-296-51524-6

REGIONAL MECHANISMS OF COLLECTIVE SECURITY
The new face of Chapter VIII of the UN Charter?
Douhan Alena F. - Preface by Fouad Nohra
Today, nearly seven decades after the adoption of the UN Charter, voices are often heard claiming that the Charter's regime is obsolete and that greater autonomy is needed for regional organizations. This book focuses on the changes, factors and activities that have appeared in the sphere of regional organizations' operations during the last few decades, and tries to determine the face of collective security at the universal and regional levels.
(Coll. Diplomacy and Strategy, 25.00 euros, 244 p.)
ISBN : 978-2-343-00082-4, ISBN EBOOK : 978-2-296-51526-0

L'HARMATTAN, ITALIA
Via Degli Artisti 15; 10124 Torino

L'HARMATTAN HONGRIE
Könyvesbolt ; Kossuth L. u. 14-16
1053 Budapest

ESPACE L'HARMATTAN KINSHASA
Faculté des Sciences sociales,
politiques et administratives
BP243, KIN XI
Université de Kinshasa

L'HARMATTAN CONGO
67, av. E. P. Lumumba
Bât. – Congo Pharmacie (Bib. Nat.)
BP2874 Brazzaville
harmattan.congo@yahoo.fr

L'HARMATTAN GUINÉE
Almamya Rue KA 028, en face du restaurant Le Cèdre
OKB agency BP 3470 Conakry
(00224) 60 20 85 08
harmattanguinee@yahoo.fr

L'HARMATTAN CAMEROUN
BP 11486
Face à la SNI, immeuble Don Bosco
Yaoundé
(00237) 99 76 61 66
harmattancam@yahoo.fr

L'HARMATTAN CÔTE D'IVOIRE
Résidence Karl / cité des arts
Abidjan-Cocody 03 BP 1588 Abidjan 03
(00225) 05 77 87 31
etien_nda@yahoo.fr

L'HARMATTAN MAURITANIE
Espace El Kettab du livre francophone
N° 472 avenue du Palais des Congrès
BP 316 Nouakchott
(00222) 63 25 980

L'HARMATTAN SÉNÉGAL
« Villa Rose », rue de Diourbel X G, Point E
BP 45034 Dakar FANN
(00221) 33 825 98 58 / 77 242 25 08
senharmattan@gmail.com

L'HARMATTAN TOGO
1771, Bd du 13 janvier
BP 414 Lomé
Tél : 00 228 2201792
gerry@taama.net

633610 - Décembre 2015
Achevé d'imprimer par